DE

L'ERREUR DANS LES CONTRATS

CONSIDÉRÉE SPÉCIALEMENT

EN MATIÈRE D'OBJETS D'ART

PAR

Armand RITTER

Docteur en droit
Avocat à la Cour d'appel de Paris

LAVAL

E. JAMIN, IMPRIMEUR
8, Rue Ricordaine, 8

1892

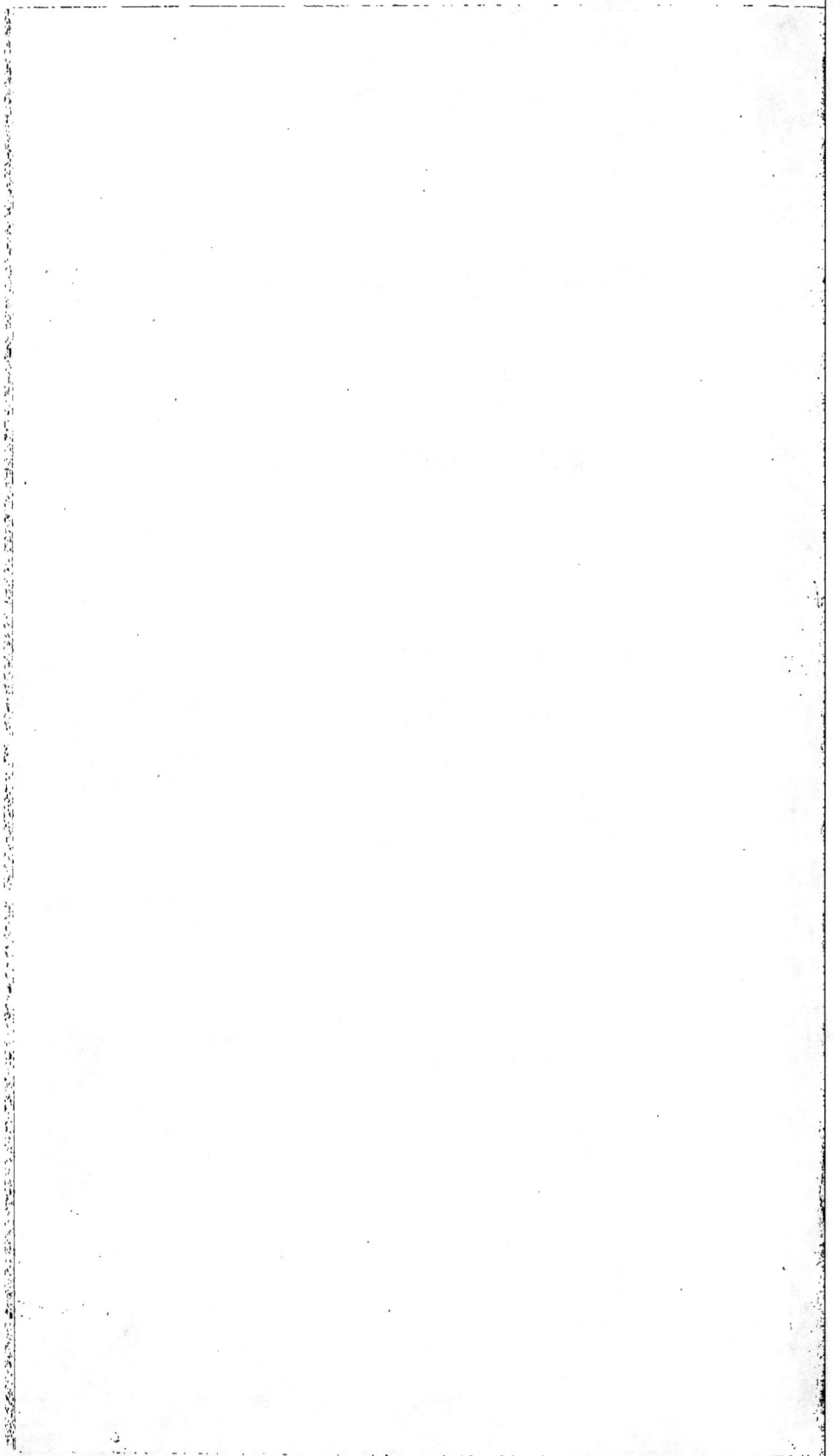

DE L'ERREUR DANS LES CONTRATS

CONSIDÉRÉE SPÉCIALEMENT

EN MATIÈRE D'OBJETS D'ART

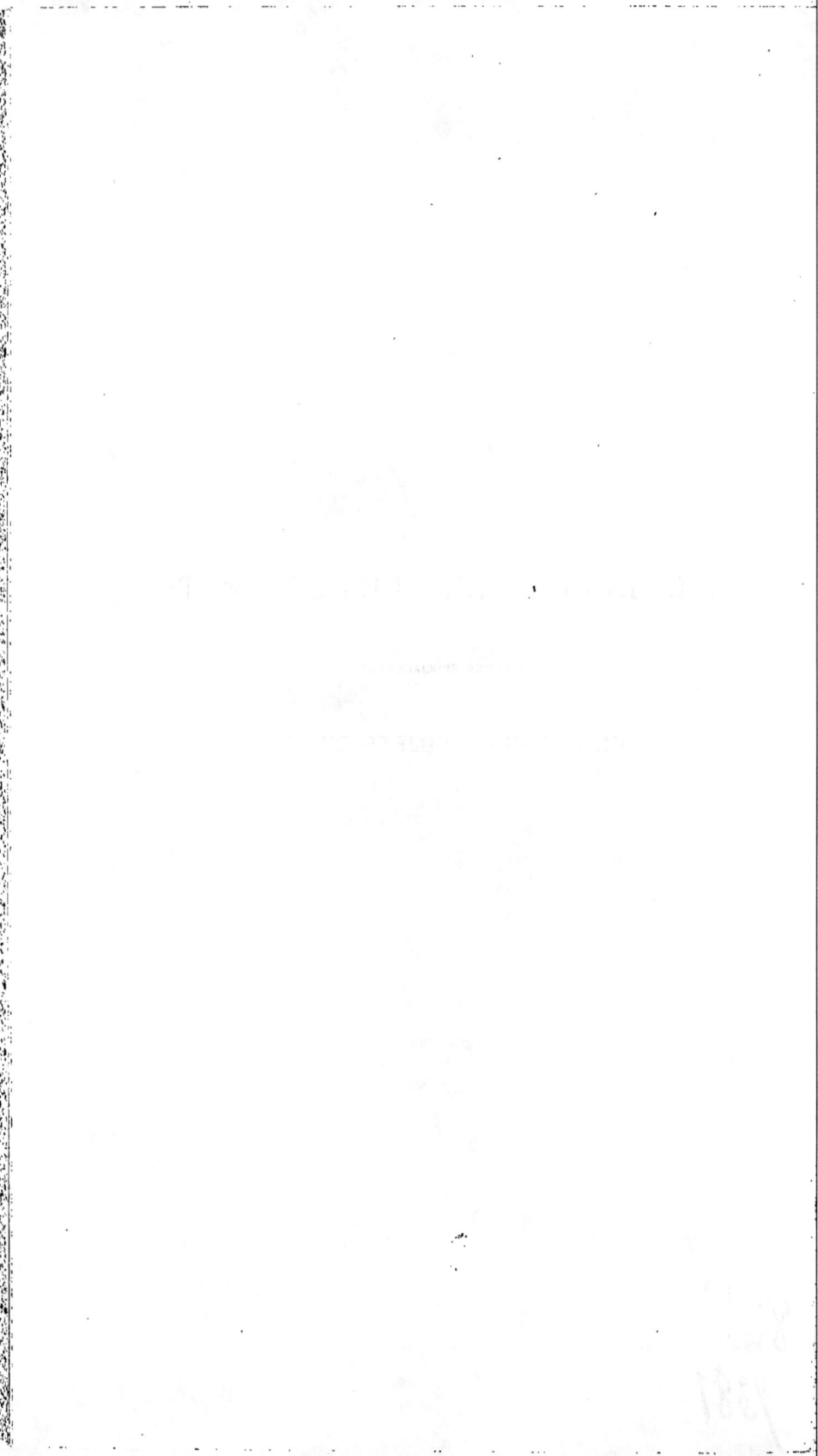

DE

L'ERREUR DANS LES CONTRATS

CONSIDÉRÉE SPÉCIALEMENT

EN MATIÈRE D'OBJETS D'ART

PAR

Armand RITTER

Docteur en droit
Avocat à la Cour d'appel de Paris.

LAVAL

E. JAMIN, IMPRIMEUR
8, Rue Ricordaine, 8

1892

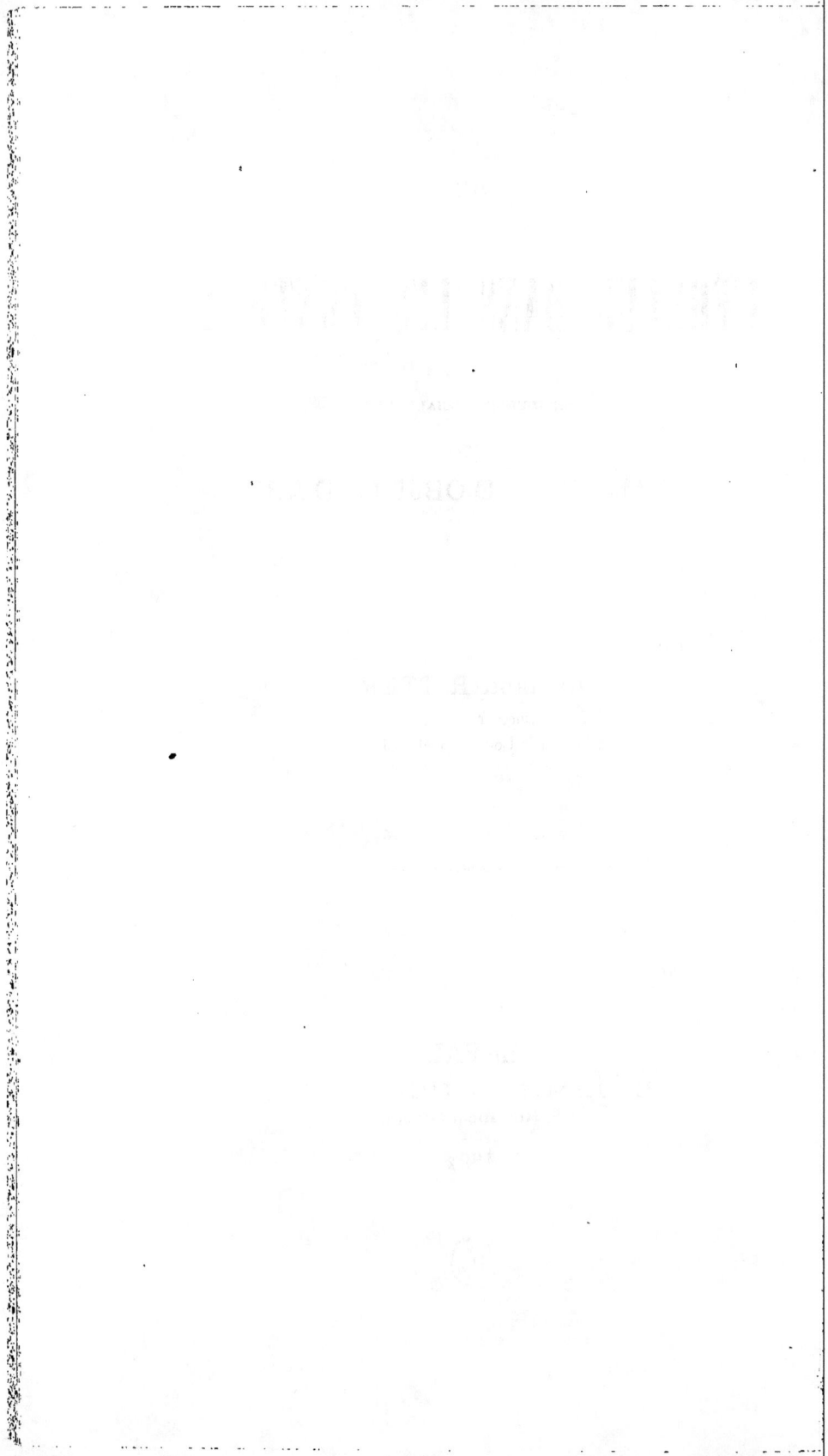

INTRODUCTION

Les recherches philosophiques sur la nature de l'art et de l'erreur ont tant préoccupé les philosophes de toutes les époques, qu'il ne nous semble pas inutile d'en dire quelques mots au début de cette étude.

Qu'est-ce que l'art? « L'art est la reproduction libre de la beauté » (Cousin, *du vrai, du beau et du bien*, Leçon VIII) reproduction désintéressée qui n'a pas pour but la recherche de l'utile et de l'agréable, mais qui poursuit une fin supérieure aux calculs de l'égoïsme.

On distingue dans l'art deux éléments principaux, l'imitation, et l'invention produit de l'imagination. L'imitation qui consiste à représenter les choses telles qu'elles sont, est le principe primordial de l'art ; les premiers hommes se sont contentés d'imiter les objets qui les entouraient, représentant leurs dieux sous la forme de leurs semblables. L'imitation a une grande importance dans l'art, nul n'oserait le contester; mais à elle seule, elle ne ferait de l'art qu'une industrie purement mécanique. Et on peut être surpris de trouver à notre époque, une école appelée le réalisme qui ne voit dans l'art que la peinture de la réalité, et qui sacrifie entièrement le sentiment esthétique à l'imitation. Le but de l'art n'est pas de reproduire fidèlement la nature, sinon le moulage remplacerait avantageusement la sculpture, la photographie la peinture, la sténographie des procès d'assises les meilleures tragédies, le téléphone la musique et la poésie ne serait pas un art puisque l'homme parle en prose. (Voy. Taine. *Philosophie de l'art*). A ce compte-là « le beau idéal est un trompe l'œil, et son chef d'œuvre, ce sont ces raisins de Zeuxis que les oiseaux venaient becqueter »(Cousin leçon VIII). Une statue en cire aux yeux vifs, aux joues coloriées imitera mieux la réalité qu'une statue de marbre, et c'est cependant cette dernière seule qui excitera l'admiration, la statue de cire n'étant jamais qu'une œuvre industrielle.

Tout objet naturel, si beau qu'il soit, est défectueux par quelque côté ; tout ce qui est réel est imparfait et on pourrait presque dire avec Rousseau : « le beau est ce qui n'est pas ».

Mais supposez qu'au lieu de reproduire servilement la nature, l'artiste combine ses éléments d'après une règle, supprimant, ajoutant, modifiant tour à tour, nous verrons apparaître dans l'art un élément nouveau l'invention produit de l'imagination.

La nature fournit les formes et les couleurs, l'imagination y ajoute le sentiment. Avec l'imagination l'artiste corrige et purifie la réalité en la perfectionnant ; il dégage le vrai des circonstances accessoires et passagères et met en relief les traits caractéristiques d'une qualité ou d'une pensée. C'est ainsi que la peinture et la sculpture ne représente des formes que pour exprimer des idées, et que la musique emploie les sons comme un langage qui interprète les sentiments de l'âme. « Le génie prend dans la nature tous les matérieanx qui peuvent lui servir, et leur imprimant sa main puissante. comme Michel-Ange imprimait son ciseau sur le marbre docile, il en tire des œuvres qui n'ont pas de modèle dans la nature, qui n'imitent pas autre chose que l'idéal rêvé ou conçu, qui sont en quelque sorte une seconde création inférieure à la première par l'individualité et la vie, mais qui lui est bien supérieure, ne craignons pas de le dire, par la beauté intellectuelle etmorale dont elle est empreinte, » (1).

Pour exprimer cette beauté intellectuelle l'art a des moyens divers : les uns s'adressent à l'ouïe comme les sons

1. Cousin, *loc. cit.*

les paroles, les autres à la vue comme les lignes, les formes, les couleurs, et c'est sur ce principe qu'est basée la division des arts : la musique et la poésie parlent à l'ouïe, la sculpture, la peinture, l'architecture à la vue.

L'art, en raison même des éléments complexes qui le composent est chose fort rare ; nous n'en dirons pas autant de l'erreur, compagne inséparable de l'intelligence humaine.

Savigny définit l'erreur : la fausse notion que nous avons d'une chose. L'erreur est en d'autres termes un jugement faux. Elle suppose d'une part la conception de ce qui n'est pas, et d'autre part l'affirmation que ce qui n'est pas, existe réellement. Un examen attentif de ces deux traits caractéristiques de l'erreur, permet de conclure qu'il n'y a pas d'idées fausses par elles-mêmes, quand elles ne sont pas l'objet d'une affirmation ; l'erreur consiste dans l'affirmation d'un rapport entre deux termes. Je puis par exemple avoir l'idée d'un cheval ailé, je ne commets d'erreur qu'en affirmant que ce cheval ailé existe réellement.

La puissance la plus élevée de l'erreur est l'ignorance. L'ignorance consiste à ne pas savoir et à ne porter aucun jugement ; l'erreur consiste également à ne pas savoir mais en croyant savoir ; autrement dit, l'une suppose le défaut de toute notion l'autre suppose une connaissance incomplète de la réalité. « Errer c'est croire ce qui n'est pas ; ignorer c'est simplement ne le savoir pas » (Bossuet : De la connaissance de Dieu et de soi-même I, XIV); différence tout à l'avantage de l'ignorance, état fâcheux, il est vrai, mais duquel de vigoureux efforts peuvent nous faire sortir, tandis que l'erreur est une illusion dans laquelle l'homme se complaît souvent trop pour chercher à s'en débarrasser.

En droit, on ne distingue pas l'erreur de l'ignorance car les effets juridiques en sont les mêmes, mais comme cette dernière exprime la généralité par rapport à l'erreur qui n'est qu'une espèce, il serait peut-être plus exact de ne parler que de l'ignorance. C'est ainsi qu'en droit romain, la matière de l'erreur est traitée sous le titre : *De juris et facti ignorantia* ; les auteurs

---

1. Les canonistes ont dit : Error consistit in positivo falso judicio intellectus : ignorantia consistit in privatione scientiæ, et communiter bene describitur : Privatio seu scientiæ seu notitiæ »

cependant parlent plus fréquemment de l'erreur puisqu'elle
est la forme la plus ordinaire et la plus importante dans la
pratique. Nous suivrons leur exemple sans nous préoccuper
davantage de la terminologie, puisqu'il est entendu que ce
que nous dirons de l'erreur, s'appliquera à l'ignorance.

Les logiciens se sont livrés à des discussions sans fin pour
expliquer et classer les erreurs (1) mais nous ne nous y arrêterons pas, car ce n'est point le sujet de notre étude.

Le jurisconsulte constate l'existence de l'erreur, cela lui
suffit ; puis il recherche quels doivent être les effets légaux
du consentement ainsi vicié. L'erreur qui, philosophiquement
parlant, devrait être une cause de nullité dans tous les contrats
où elle se rencontre, devra, en droit, pour amener la nullité,
être si dominante que les parties n'auraient pas contracté si
elles l'avaient connue. Car il est de toute évidence qu'en pratique, la prétention d'annuler tous les contrats entachés d'erreur,
tendrait à supprimer les conventions elles-mêmes.

Ne trouvons-nous pas en effet dans toute vente, tout louage,
toute transaction, certaines erreurs plus ou moins importantes
résultant souvent de l'imperfection même de l'intelligence ou
d'une attention insuffisante, quand elles ne résultent pas de
l'habileté ou des réticences d'une partie vis-à-vis de l'autre.

Le jurisconsulte étudiant l'erreur devra s'en occuper dans
un grand nombre de questions. Ainsi l'erreur dans le mariage
acquiert une gravité particulière à cause de la dignité de ce
contrat solennel ; dans les successions et donations à cause de
leur importance au point de vue pécuniaire, familial et social ;
dans la transaction à cause de la délicatesse de cet acte. Deux
quasi-contrats, la gestion d'affaires et le paiement de l'indu
donnent lieu en ce qui concerne l'erreur à des théories très
importantes. Il en est de même en matière de possession et de
prescription.

Notre but n'est point de traiter ici toutes les questions que
comporterait un traité complet de l'erreur considérée au
point de vue juridique. Nous étudierons l'erreur surtout à un

1. Ainsi Bacon compare les idées fausses à des fantômes (idola) qui se jouent
de notre esprit, Descartes attribue les causes d'erreurs à la disproportion entre l'intelligence et la volonté, l'école de Port-Royal à la précipitation de
notre esprit, Malebranche à l'imagination qu'il appelle la folle du logis.

point de vue spécial que le titre de notre travail indique par avance, c'est-à-dire au point de vue des conventions en matière d'objets d'art.

On divise souvent les erreurs en *erreur-obstacle* et *erreur-nullité*. La première prévient et empêche la convention de se former, la seconde l'annule une fois formée. Ce n'est pas là une distinction purement théorique, car dans le cas d'*erreur-obstacle*, quand vous voulez vendre et que je veux louer, il n'y a pas de contrat, l'erreur est commune et chacune des parties peut en demander la nullité, dans le cas d'*erreur-nullité* au contraire, celui dont le consentement est entaché d'erreur a seul le droit de demander la nullité.

C'est dans l'article 1110, que le Code énumère les sortes d'erreurs. D'après cet article, l'erreur est une cause de nullité : 1° quand elle tombe sur la substance de la chose qui est l'objet de la convention ; 2° quand elle porte sur la personne avec laquelle on a l'intention de contracter, et que la considération de la personne est la cause principale de la convention.

L'erreur sur la substance peut être déterminée soit par le dol dont la contrefaçon est une variété prévue par des lois spéciales, soit par l'ignorance, l'inattention, la confusion, en un mot par une circonstance involontaire que celui qui la commet ne peut reprocher à personne autre qu'à lui-même Dans ce dernier cas l'erreur peut d'ailleurs être excusable et souvent même naturelle.

A côté des deux sortes d'erreurs mentionnées par l'article 1110, il en est beaucoup d'autres dont le législateur ne parle pas, les unes sont exclusives du consentement (erreur-obstacle), les autres sont sans influence sur la validité des contrats.

Dans la première catégorie, nous trouvons l'erreur sur l'identité même de la chose, sur la nature de la convention, et sur l'existence même de la cause de l'obligation. Dans la seconde catégorie, nous citerons l'erreur sur les qualités accidentelles ou non substantielles de la chose objet du contrat, l'erreur sur les motifs du contrat, l'erreur sur la valeur de cette chose qui se confond avec la lésion ne donnant pas en principe d'action en nullité, enfin l'erreur sur la propriété de la chose.

Etant donnée cette énumération des diverses espèces d'erreurs, l'objet de notre étude sera de rechercher, quelle influence peut exercer chacune de ces espèces d'erreurs sur la validité des contrats en matière d'objets d'art. Nous diviserons donc notre sujet en quatre parties.

1ʳᵉ Partie : Erreur sur l'identité de la chose, sur la nature du contrat, sur la cause et les motifs du contrat, sur la valeur et la propriété de l'objet.

2° Partie : Erreur sur la personne.

3° Partie : Erreur sur la substance et indirectement sur les qualités non substantielles.

L'erreur sur la substance, nous expliquerons pourquoi, est la seule qui présente dans notre matière un sérieux intérêt, soit que cette erreur puisse être attribuée, comme nous l'avons dit, à l'ignorance ou à la confusion, soit qu'elle ait été occasionnée par le dol ou la contrefaçon, ce que nous distinguerons dans le chapitre final de cette troisième partie de notre travail.

Dans la 4° partie enfin, nous étudierons les effets de l'erreur, quand elle vicie les contrats, en nous plaçant au point de vue des diverses actions qu'elle peut engendrer, et à ce sujet nous nous occuperons un moment de la procédure et spécialement des rapports d'experts.

Tel est le plan de ce travail dans lequel, nous le rappelons, nous nous placerons toujours au point de vue spécial de l'erreur en matière d'objets d'art. Ajoutons que nous nous arrêterons principalement sur la seconde et la troisième partie, c'est-à-dire sur l'application de l'article 1110 C. civ. En traitant brièvement dans la première partie des erreurs que ne vise pas cet article, nous n'avons d'autre but que de faciliter la distinction entre ces sortes d'erreurs qui ont rapport à notre sujet et l'erreur sur la substance qui nous occupera surtout. La troisième partie constitue en effet à proprement parler la partie essentielle, le corps même de ce travail. L'erreur sur la personne qui forme le sujet de la seconde partie constitue surtout une hypothèse abstraite dont la pratique révèle peu l'intérêt.

C'est par conséquent dans le pemier chapitre de la troisième partie que nous essaierons de formuler une théorie générale de l'article 1110 pour en faire ensuite l'application dans les questions d'espèces qu'a résolues la jurisprudence.

Ce n'est que dans cette fin de siècle, comme on se plaît à

dire aujourd'hui, qu'une jurisprudence a eu l'occasion de se former sur cette question. De tout temps, le procès de Verrès le révèle, les civilisations avancées ont vu se développer le goût des objets d'art et des collections. L'importance et le prix qu'on y attache, dépendent souvent, il est vrai, du nom de l'artiste, du nom d'un possesseur antérieur plutôt que de leur valeur intrinsèque ou artistique elle-même. C'est ce qui rend, en cette matière, si difficile et si délicate la recherche d'une théorie complète de l'erreur. Et si on légiférait sur cette question, il faudrait dire au rebours de la célèbre maxime du chancelier Bacon: *optima lex qui plurimum relinquit arbitrio judicis*.

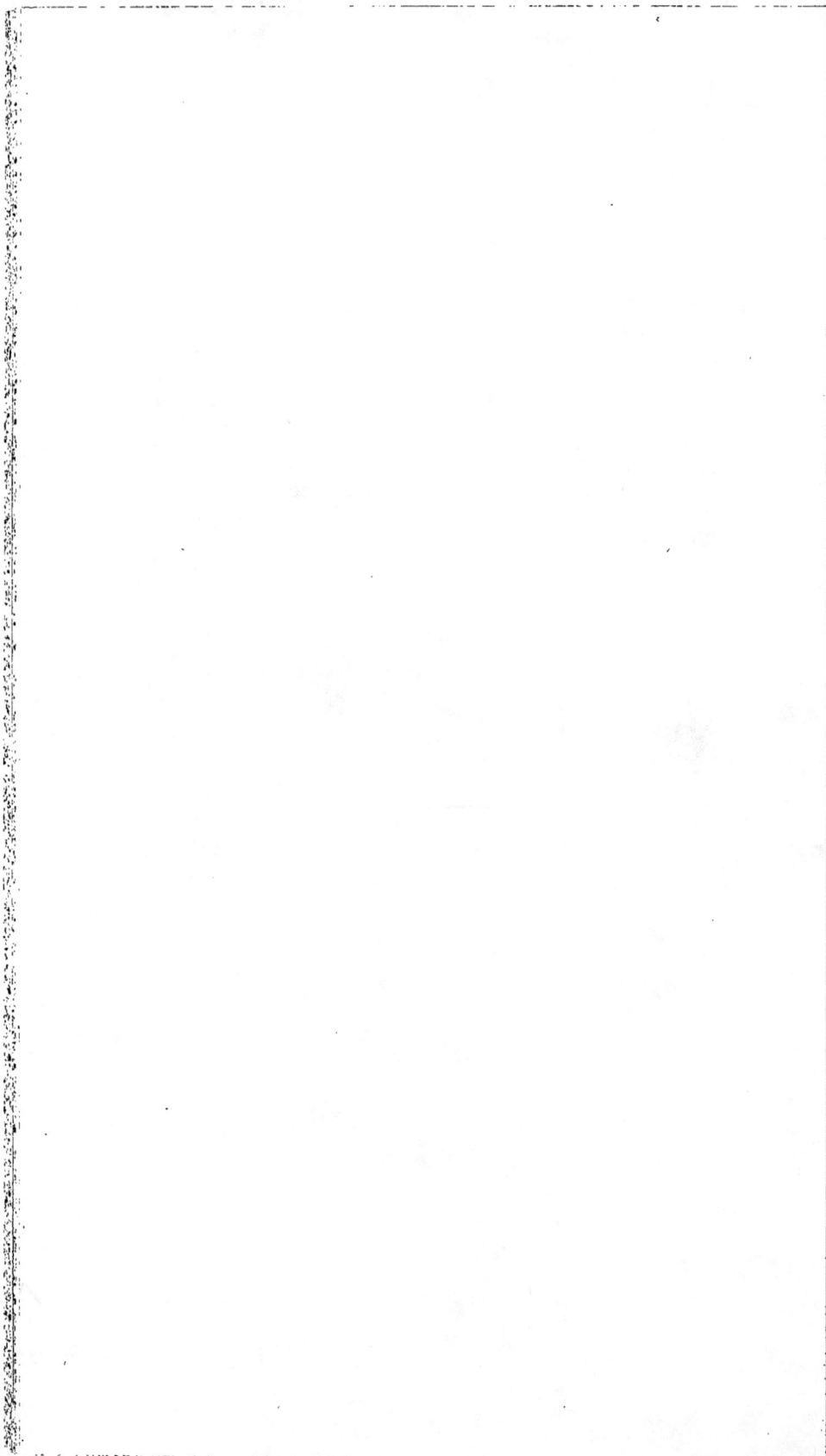

PREMIÈRE PARTIE.

Erreur sur l'identité de la chose, sur la nature du contrat, sur la cause et les motifs du contrat, sur la valeur et la propriété de l'objet.

Nous avons à nous occuper dans cettte première partie des diverses espèces d'erreurs étrangères à l'article 1110 : l'erreur sur l'identité de la chose objet du contrat, sur la nature de la convention que les parties ont entendu faire, sur la cause de l'obligation, sur les motifs, sur la valeur de la chose, sur la propriété de la chose.

Cette partie, nous l'avons déjà fait pressentir, sera nécessairement courte, non parce que les contrats qui ont pour objet une œuvre d'art obéissent au droit commun des contrats, car il en est ainsi même pour les erreurs que prévoit l'article 1110, mais parce que ces questions ne peuvent que tout exceptionnellement donner lieu a difficulté. A peine pourrait-on citer une espèce intéressante, celle du tableau du musée de Cherbourg égaré à Paris, dont les tribunaux se sont occcupés récemment et sur laquelle nous reviendrons.

Comme nous avons déjà eu occasion de le dire plus haut, le Code ne parle de l'erreur que dans l'article 1110 ; il est absolument muet sur toutes les autres sortes d'erreurs. Il ne faudrait pas conclure de ce que le

Code ne parle pas de ces autres erreurs, qu'elles n'aient aucune influence sur le sort du contrat. Certaines de ces erreurs ont une importance telle qu'elles empêchent le contrat de se former, parce qu'elles dénotent un défaut absolu de consentement, et d'après la définition même de l'article 1101, l'acte ne peut même pas avoir les apparences d'un contrat. Ne pouvant nous appuyer sur le texte du Code, nous serons obligés de suivre les règles traditionnelles. Nous parlerons d'abord des erreurs que certains auteurs appellent erreurs-obstacles, c'est-à-dire des erreurs qui empêchent absolument le concours des volontés de se former et ne permettent pas ainsi au contrat de naître. Ce sont l'erreur sur l'identité de la chose, l'erreur sur la nature de contrat, l'erreur sur la cause.

CHAPITRE I.

Erreur sur l'identité même de la chose.

En quoi consiste cette erreur que l'on a quelquefois confondue avec l'erreur sur la substance ?

Il y a erreur sur l'objet quand une des parties a en vue tel objet, et l'autre partie tel autre objet, par exemple, lorsque je crois vendre ma maison d'Alsace à Paul qui croit acheter ma maison de Suisse, ou pour donner un exemple relatif à une œuvre d'art, quant je crois vous vendre ma Vénus de Milo, et que vous pensez m'acheter ma Vénus de Médicis.

Notre dissentiment a empêché le contrat de se former, et l'on peut répéter ici l'adage romain : *Nullus errantis consensus* (1).

———

1. Voyez notre étude de l'erreur dans les contrats en droit romain, p. 13.

CHAPITE II

Erreur sur la nature du contrat.

Il n'y a pas d'accord de volontés, et la convention ne peut exister quand l'une des parties croit acheter et que l'autre partie croit donner à bail. C'est ce que nous dit Sempronius dans la loi 57 du titre des obligations et des contrats : « *In omnibus negotiis contrahendis, sive bona fide sint sive non sint, si error aliquis intervenit, ut aliud sentiat, puta, qui emit aut qui conducit, aliud qui cum his contrahit, nihil valet, quod, acti sit.* » Dans ce cas, chacune des parties a voulu une chose différente, ce qui a empêché les volontés de se rencontrer. Nous trouvons les mêmes affirmations dans d'autres téxtes du Digeste, par exemple dans la loi 18 pr. et § 1 : de rebus creditis (X*II, I.*). Il n'y a pas de lien juridique de formé. La doctrine romaine est suivie par Pothier, qui après avoir dit que les conventions sont fondées sur le consentement des parties, ajoute : « C'est pourquoi si quelqu'un entend me vendre une chose, et que j'entende la recevoir à titre de prêt ou par présent, il n'y a en ce cas ni vente, ni prêt, ni donation ». (*Pothier, oblig., 17*).

Les rédacteurs du Code ont certainement suivi en cette

matière leur guide accoutumé ; l'art .1108 exige l'accord des volontés comme condition nécessaire de tout rapport de droit, or comme cette condition fait absolument défaut dans notre cas, par la nature même de l'hypothèse, aucun lien juridique ne pourra se former. — Les termes limitatifs de l'art. 1110 n'empêchent pas que cette décision doive encore être adoptée aujourd'hui.

Ne perdons pas de vue cependant que pour produire l'effet que nous avons indiqué, l'erreur doit porter sur la nature même du contrat et non pas seulement sur sa dénomination, car l'erreur de nom ne prouve pas qu'on se soit trompé sur le fond même du contrat.

CHAPITRE III

Erreur sur la cause de l'obligation.

A Rome le mot cause avait deux sens différents. On entendait par une cause soit le fait extérieur qui révélait l'intention des parties, soit la raison immédiate faisant agir ; nous voulons dire la cause finale. C'est dans cette seconde acception, que le mot cause doit être interprété sous l'empire du Code. La cause, dans notre droit, est en quelque sorte la raison d'être de l'obligation, le but essentiel et immédiat que le contractant poursuit. Pour connaître la cause d'une obligation, on répondra à cette question : *Cur debetur*? Je vends un vieux tableau dans le but d'obtenir le prix, l'acheteur s'engage à payer dans le but d'acquérir un tableau.

La cause est cette raison inhérente et essentielle sans laquelle on ne peut concevoir d'obligation, sans supposer qu'elle émane d'une personne irraisonnable pour ne pas dire folle.

La cause de l'obligation et la cause de la convention ont été souvent confondues, et en lisant l'art. 1108 qui parle d'une cause dans l'obligation, et l'art: 1132 qui dit qu'une convention n'est pas moins valable quoique

la cause n'en soit pas exprimée, il semble que les rédacteurs du Code eux-mêmes n'ont pas fait de distinction. Et cependant la différence est bien grande entre
ces deux sortes de causes.

La cause de la convention est le motif qui détermine
à agir, motif variant suivant les personnes et les circonstances, cause accessoire, puisque l'obligation n'en
dépend pas. « Par la cause d'une obligation ou du contrat, dit Toullier, le Code entend le motif qui détermine
la promesse qu'il contient, le pourquoi elle a été faite ».
Ce n'est certes pas là ce qu'il faut considérer comme la
cause d'une obligation, aussi Toullier nous dit alors que
la cause est évidente et identique pour tous les contrats
de la même espèce. « C'est par la manière dont l'acte
est conçu, par la nature du contrat, par l'objet de la
promesse, enfin par les circonstances, qu'on peut juger
quel a été le motif déterminant de celui qui consent, et si
son consentement était subordonné à la réalité de ce motif
comme à une condition implicite. » (*Toullier, t. 6, N° 37 et suivants*) Cette cause serait à proprement parler le motif, puisque celui-ci peut varier, tandis que la cause de chaque obligation est invariable. La cause dont parle ici Toullier est la
réponse qu'on donnera à cette question : « cur contraxit? »
Je vends un tableau parce que j'en ai déjà de trop dans ma
galerie ; j'achète un tableau parce que je veux passer pour
un amateur. Toullier a méconnu le caractère d'évidence
que doit présenter l'erreur sur la cause, puis il a confondu deux choses bien distinctes : la convention et les obli-

gations qu'elle fait naître. C'est dans l'obligation et non dans le contrat qui lui donne naissance, que nous devons chercher la cause.

La distinction entre la cause et le motif peut être souvent délicate, mais on remarquera toujours que dans les divers buts d'un contrat, le plus prochain est la cause, le plus éloigné est le but. Le premier est, comme nous l'avons dit, essentiel et toujours le même dans une convention de nature déterminée, l'autre est accidentel et variable même dans des conditions exactement semblables.

Certains auteurs pensent que la cause de l'obligation se confond avec son objet dans les contrats synallagmatiques, ce qui serait en contradiction avec le Code qui ne confond pas ces deux conditions de validité des contrats. Le vendeur contracte bien pour avoir le prix et l'acheteur pour avoir la chose, mais le premier obtient le prix en exécution de l'obligation de l'acheteur, et le second obtient la chose en exécution de l'obligation du vendeur. Le but immédiat du vendeur est d'obtenir l'obligation de l'acheteur (cause), puis de toucher le prix en vertu de cette obligation (objet), de même que le but immédiat de l'acheteur est d'obtenir l'obligation du vendeur, puis de devenir propriétaire de la chose vendue. La doctrine que nous réfutons a été quelquefois étendue aux contrats unilatéraux, nous la repoussons de la même manière.

Les idées que nous avons émises sur la notion de la cause, sont bien celles que Bigot de Préameneu a em-

pruntées à Domat et a résumées dans l'exposé des motifs ;
« La cause est dans l'intérêt réciproque des parties ou
dans la bienfaisance de l'une d'elles ». Dans les contrats synallagmatiques, l'intérêt réciproque consistera
dans les obligations réciproques engendrées par le contrat.

En résumé, chaque fois que l'erreur portera sur la
cause, il y aura donc absence de lien juridique entre
les parties. C'était la pensée de Domat ; ce fut celle de
Pothier, quand il dit : « Lorsqu'un engagement n'a aucune cause, ou ce qui est la même chose, lorsque la cause
pour laquelle il a été contracté, est une fausse cause,
l'engagement est nul (*Oblig : n° 42*). Après Domat et Pothier, notre législateur s'inspirant des mêmes idées, a
donné à l'article 1108 la sanction de l'article 1131 : « L'o-
bligation sans cause, ou sur fausse cause, ou sur cause
illicite, ne peut avoir aucun effet » (Amiens 17 juillet 1868,
Voy. Sir. 1868, 2, 257).

Nous avons passé en revue les erreurs qui empêchent
d'une manière absolue le contrat de se former. Occupons-
nous maintenant de celles qui ne produisent aucun effet
tant au point de vue de la formation que de l'exécution
des contrats. Nous parlerons successivement de l'erreur sur les motifs du contrat, de l'erreur sur la valeur
de la chose, à propos de laquelle nous dirons quelques
mots de la lésion, et de l'erreur sur la propriété de la
chose.

CHAPITRE IV.

Erreur sur les motifs du contrat.

Ce que nous avons dit de l'erreur sur la cause, nous a donné une idée générale de l'erreur sur les motifs. Toute erreur n'est pas un vice, et l'erreur sur les motifs n'a pas été admise comme viciant le consentement. A Rome déjà elle n'exerçait aucune influence sur la validité des contrats : *Damus ob causam, aut ob rem, ob causam veluti cum ideo do, quod aliquid a te consecutus sum, vel quia aliquid a te factum est : ut etiam si falsa causa sit, repetitio ejus pecuniæ non sit (L. 52, Dig. 12, 6 de condictione indebiti.* L'erreur sur les motifs est indifférente en raison de son caractère personnel et variable, double caractère qui produit des conséquences notables. Les motifs différents sont d'abord presque aussi nombreux qu'il y a de contrats. Dans une vente ou un prêt par exemple, l'acheteur ou l'emprunteur, peut contracter pour mille motifs divers, motifs sérieux ou frivoles, licites ou illicites, peu importe. La multiplicité même des motifs est une des raisons principales pour lesquelles le Code n'a pas admis l'erreur sur les motifs comme vice du consentement. Ce serait en effet détruire absolument la stabilité des conventions que de tenir compte des motifs plus ou moins éloignés, plus ou moins sérieux et plus ou moins futiles que les parties ont pu avoir de contracter. Une autre raison est que le motif n'est pas un élément essentiel des contrats. S'il est des cas dans lesquels le motif de contracter est très puissant, cela n'empêche que l'accord des parties se trouve être parfait malgré cette sorte d'erreur. Et de ce que le motif est en quelque sorte en dehors du contrat, on peut en tirer une conséquence pratique des plus importantes : S'il est facile de s'assurer de l'erreur sur la cause, sur l'objet, s'il est possible de s'assurer de l'erreur sur la substance de la chose objet du contrat, comment peut-on contrôler la sincérité de celui qui affirme avoir contracté pour tel ou tel motif ? L'interprétation de l'art 1110 qui s'exprime en termes restrictifs et les raisons pratiques sont donc d'accord pour ne pas tenir compte de l'erreur dans les motifs.

Des divergences d'opinions se sont cependant manifestées de la part de plus d'un auteur.

Puffendorf d'abord soutient que l'erreur sur le motif vicie le consentement « pourvu, dit-il, que j'aie fait part à celui avec qui je contractais de ce motif erroné qui me portait à contracter, parce qu'en ce cas les parties doivent être censées avoir voulu faire dépendre leur convention de la vérité de ce motif comme d'une espèce de condition ». Puffendorf cite alors l'exemple suivant : Apprenant par erreur la mort d'un de mes chevaux, j'en achète un autre, en faisant part dans la convention à mon vendeur de la nouvelle que j'ai eue. Il pense que dans ce cas, je pourrai me départir de mon contrat, pourvu qu'il n'ait été exécuté ni de part ni d'autre, «

Barbeyrac, dit Pothier (*Oblig*. n° 20) décide fort bien que cette erreur dans le motif, ne donne aucune atteinte à la convention. En effet de même que dans les legs, la fausseté du motif dont le testateur s'est expliqué n'influe pas sur les legs, et ne l'empêche pas d'être valable, parce qu'il n'en est pas moins vrai que le testateur a voulu faire le legs, et qu'on ne peut pas conclure de ce qu'il a dit sur le motif qui le portait à léguer, qu'il ait voulu faire dépendre son legs, de la vérité de ce motif comme d'une condition, si cela n'est justifié d'ailleurs, de même et à bien plus forte raison, doit-on décider, à l'égard des conventions, que l'erreur dans le motif qui a porté l'une des parties à contracter, n'influe pas sur la convention « et ne l'empêche pas d'être valable ». L'argument d'analogie de Barbeyrac n'est pas fondé. Le doute sur l'intention du testateur s'interprète en faveur du legs, parce que l'on ne suppose pas que le testateur ait fait d'un motif une condition. Il arrive souvent en effet que les testateurs dissimulent leurs intentions sous de faux motifs, ce qui n'enlève rien à leur intention formelle de gratifier ; mais dans l'exemple donné par Puffendorf, il ne pouvait guère y avoir aucun doute sur les intentions de l'acheteur, c'est l'erreur sur le motif qui le déterminait à faire l'acquisition d'un cheval.

Pothier dit encore « qu'il n'y a pas lieu de présumer

que les parties aient voulu faire dépendre leur convention de la vérité de ce motif comme d'une condition, les conventions devant s'interpréter *pro ut sonant*, et les conditions qui n'y peuvent être apposées que par la volonté des deux parties, devant s'y suppléer bien plus difficilement que dans les legs ». Nous allons plus loin encore, en disant qu'une condition ne se présume jamais. Mais n'y-a-t-il pas des conditions tacites de même qu'il y a des consentements tacites. Puisque tout le monde admet que les parties peuvent faire du motif une condition expresse de leur contrat, pourquoi n'admettrait-on pas également un motif devenant une condition tacite du contrat. Il n'y a rien de présumé ; l'intention de l'une des parties est manifestée à l'autre, pourquoi ne pas la respecter ! (Laurent, t. 15, n° 500). Nous sommes d'ailleurs d'accord sur ce point avec Bigot de Préameneu qui disait : « L'erreur dans les motifs d'une convention n'est une cause de nullité que dans le cas où la vérité de ces motifs peut être regardée comme une condition dont il soit clair que les parties ont voulu faire dépendre leur engagement ». (*Locré, t. VI, p. 150*).

On se demande comment il se fait que Bigot de Préameneu ait invoqué l'autorité de Pothier qui n'admettait pas que le motif pût être considéré comme une condition. Cela peut être une inadvertance, mais quoi qu'il en soit, l'explication de l'orateur du gouvernement est exacte.

En un mot, si l'on ne saurait penser avec Puffendorf que la simple énonciation du motif peut suffire, comme cause principale d'un engagement, si l'on repousse l'opinion de Pothier qui n'admet pas qu'un motif puisse être considéré comme une condition, il faut admettre que l'intention des parties de subordonner la valadité d'une convention au motif énoncé, doit résulter d'une convention expresse ou tout au moins de l'objet du contrat, de la nature de l'acte, des circonstances.

Maintenant que nous connaissons l'influence de l'erreur sur le motif dans les contrats, il nous reste un mot à dire d'une objection qu'ont faite, à ceux qui admettent que l'erreur d'une des parties sur la substance suffit pour déterminer la nullité du contrat, les auteurs qui exigent l'erreur commune.

N'est-il pas inconséquent et contradictoire, disent ces auteurs, de maintenir une vente alors que l'acheteur n'a fait l'acquisition que parce qu'il croyait avoir perdu la chose qu'il veut remplacer, et de l'annuler alors que l'acheteur seul vient prétendre que la chose n'a pas les qualités qu'il avait en vue et en raison desquelles il a acheté ? L'objection est spécieuse, mais les principes y répondent fort bien. Nous verrons que l'erreur sur une qualité substantielle peut se reconnaître ; ainsi on achète une [pièce ou une médaille parce qu'elle est ancienne. Dans le cas d'erreur sur les motifs au contraire, le vendeur ne reconnaît que bien difficilement quelles sont les raisons qui ont engagé l'acheteur à contracter. Comment savoir que l'acheteur achète une médaille antique parce qu'il croit faussement en avoir perdu une semblable ! (*Voy. Laurent, n° 503*).

CHAPITRE V.

Erreur sur la valeur de l'objet.

L'erreur sur la valeur de l'objet, n'a aucune influence sur la validité des contrats, à moins qu'elle ne se confonde avec la lésion qui, d'après l'article 1118, vicie les conventions dans certains contrats et à l'égard de certaines personnes seulement. A Rome, les jurisconsultes pensaient que chacun avait raison de faire son possible pour réaliser des affaires avantageuses. *Pomponius ait in pretio emptionis et venditionis naturaliter licere contrahentibus se circumvenire (Ulpien, 16, § 4 Dig. de minoribus XXV annis.* On exceptait cependant le cas du vendeur lésé de plus de moitié. En règle générale dans le droit moderne la lésion n'est pas une cause de nullité en matière mobilière quoique certains auteurs l'aient admis dans l'ancien droit pour les meubles précieux, bijoux, diamants, œuvres d'art. (*Comp. Despeisses, t. 1, p. 20 ; Pothier, de la vente n° 340 et suiv.*)

La lésion est un vice indépendant de l'erreur, et peut fort bien se rencontrer dans un contrat passé par les parties en parfaite connaissance de cause, ce qui a une grande importance, puisque dans les cas déterminés par la loi, la lésion sera une cause de nullité, alors même que les contractants auraient été renseignés sur la valeur de la chose et sur la perte que l'une d'elles éprouvait en contractant. Il y a plus encore, la lésion donne une action même dans les cas où la partie lésée aurait renoncé à son action en passant le contrat.

Si la lésion ne provient pas toujours d'une erreur, il est cependant des cas où elle se confond avec elle. Il faudra alors rechercher si l'erreur se trouve dans des conditions suffisantes pour satisfaire aux prescriptions de l'art. 1110.

La question sera de savoir si cette erreur est telle qu'elle arrive à porter sur la substance de la chose. Le tribunal de la Seine a eu à se prononcer sur une question de ce genre. Il s'agissait d'un plat vendu 6600 francs et dont la facture était ainsi libellée : Un plat Vienne représentant Vénus et Adonis. L'acheteur l'avait cru en vieux Vienne, tandis qu'il était moderne. En fait la vue du plat sans examen approfondi, et sans connaissances spéciales protestait contre toute confusion. Le tribunal a pensé que l'acheteur n'avait qu'à s'en prendre à sa négligence, et que le fait que le prix payé était exorbitant pour une œuvre moderne, ne suffisait pas pour établir que le contrat portait sur une œuvre ancienne. Il a considéré qu'il est d'usage et de prudence élémentaires de faire stipuler dans la facture ce que l'on a voulu acquérir, et de distinguer expressément le vieux du moderne, la valeur artistique en étant absolument différente. C'est là une question sur laquelle nous reviendrons à propos de l'erreur sur la substance en citant le jugement d'un tribunal anglais. L'erreur grossière doit être protégée comme toute autre erreur, à moins qu'il ne résulte des circonstances de fait que l'acheteur ait agi en connaissance de cause par suite de son expérience dans ces sortes de contrat. C'est ce que la Cour de Paris a admis pour un acheteur d'eaux fortes de Rembrandt, M. Waltner (15 juillet 1886, *Droit*, n° 105, 1886). (1) Certes l'exagération du prix n'est pas suffisante pour justifier l'erreur, mais elle y contribue, surtout quand le vendeur est un marchand d'antiquités et d'objets d'art.

Concluons dès à présent que l'erreur sur la valeur doit, pour donner une action en nullité en dehors des cas prévus par la loi, se doubler d'une autre erreur qui sera l'erreur sur la substance. Si l'erreur ne remplit pas cette condition, on suivra les règles ordinaires de la lésion (*Voy. dans ce sens un arrêt de la Cour de cass.*, du 1ᵉʳ mars 1876, Sir., 1876, 1, 318).

L'erreur peut quelquefois n'exister que sur le papier, et non dans l'esprit des parties. Il n'y a dans ce cas qu'une erreur matérielle, erreur de calcul qui ne vicie pas le consentement mais qui demande à être rectifiée (art. 2058, C. c.)

----

1. Voy. *infra* p. 121.

CHAPITRE VI

Erreur sur la propriété de l'objet.

Il peut arriver que je vende une chose dans la fausse croyance qu'elle m'appartient ; c'est le cas de l'article 1599 qui dit que la vente de la chose d'autrui est nulle. Mais l'hypothèse inverse peut se présenter : Croyant qu'une chose ne m'appartient pas, je la vends cependant, et le hasard veut qu'elle m'appartienne ; le contrat sera certainement valable. On objectera bien que nécessairement celui qui vend la chose en croyant qu'elle ne lui appartient pas, n'a pas l'intention d'aliéner, puisqu'il n'a pas le pouvoir de disposer de la chose ; que par conséquent le contrat ne peut se former, faute de consentement. Nous répondrons que s'il connaît la loi, il pourra bien se faire qu'il ait agi en fraude de ses dispositions, et il serait absolument inadmissible d'annuler le contrat sur l'allégation que le vendeur ferait de sa propre faute.

On peut aussi supposer une troisième hypothèse. J'achète une chose croyant qu'elle appartient à mon vendeur alors que celui-ci sait fort bien qu'elle ne lui appartient pas. La vente est nulle, en ce cas, par application de l'article 1599 ; elle est nulle comme contraire à la loi. Mais le vendeur de mauvaise foi sera passible de dommages-intérêts, s'il y a lieu. C'est ce qu'a décidé la jurisprudence dans l'espèce que nous avons rappelée au début de cette première partie. Un tableau soustrait au musée de Cherbourg avait été vendu à un marchand parisien. Ce tableau avait été envoyé à Paris par le conservateur du musée pour y être réparé. Le commissionnaire auquel le soin de trouver le restaurateur de tableaux avait été confié, fut-il ou non infidèle ? La question ne fut pas éclaircie ; quoi qu'il en soit, ce tableau fut vendu à un marchand qui l'acheta de bonne foi croyant son vendeur propriétaire. Ce n'est qu'après bien des recherches, que ce tableau fut retrouvé dans la boutique où le marchand l'exposait. Il est certain que dans l'espèce, l'acheteur n'était pas devenu propriétaire : *nemo plus juris conferre potest quam ipse habet.* Le contrat qu'il avait fait avec le propriétaire apparent n'était pas valable.

Il est impossible, en effet, de supposer que celui-ci ait voulu uniquement se porter fort, c'est-à-dire qu'en vendant, il ait entendu se porter seulement garant que l'administration du musée de Cherbourg vendrait plus tard ce tableau au marchand avec lequel il traitait. Un musée ne vend pas d'ordinaire ses tableaux, et l'on ne peut donc supposer qu'il ait donné à un commissionnaire mandat de vendre, ni que ce commissionnaire qui connaissait les usages régnant dans ces administrations, ait pensé pouvoir se porter fort de la ratification de l'administration à la vente qu'il consentait.

Jusqu'à preuve contraire, on doit donc supposer qu'il y a eu plus qu'un abus de confiance ; il y a eu un vol permettant d'appliquer l'adage que nous venons de citer, qui n'est d'ailleurs que l'expression d'une règle de bon sens, de ce que nous appellerions volontiers un axiome juridique.

Ainsi, pour nous résumer, l'erreur portant sur la propriété de la chose, objet du contrat, donne lieu à l'examen de trois questions : 1° Une personne vend la chose d'autrui croyant faussement qu'elle lui appartient. 2° Elle vend une chose qui lui appartient, croyant par erreur qu'elle est à autrui. 3° Elle vend la chose d'autrui sachant qu'elle est à autrui, mais son acheteur la croyait propriétaire de cette chose. Enfin on pourrait combiner la première et la troisième hypothèse : Une personne vend la chose d'autrui croyant qu'elle lui appartient, à une personne qui l'achète croyant qu'elle appartient au vendeur. La vente sera naturellement déclarée nulle. Concluons : Dans le premier et le troisième cas, la vente est nulle, l'article 1599 le décide ainsi. On admet qu'elle est valable dans le second cas, parce que le vendeur a vendu sa propre chose et qu'il ne peut trouver dans son intention frauduleuse un moyen d'échapper à ses obligations.

Nous venons de passer successivement en revue les erreurs dont le Code ne parle pas. Comme nous avons pu nous en convaincre, ces sortes d'erreurs existaient tant en droit romain que dans notre ancien droit, et étaient interprétées par les jurisconsultes anciens, comme elles le sont encore aujourd'hui. Le silence du Code en est la

meilleure preuve. Nous avons bien rencontré quelques
divergences entre les anciennes théories sur la cause et
le motif et les théories modernes, mais ces divergences
n'ont pas empêché que, d'une manière générale, certaines
erreurs ont toujours été considérées comme excluant le
consentement et empêchant complètement le contrat de
se former; ce sont les erreurs sur l'objet, la cause et la
nature du contrat; tandis que d'autres ont passé pour
n'avoir aucune influence sur la formation et l'exécution
du contrat, ce sont les erreurs sur le motif, sur la valeur
et la propriété de l'objet, et l'erreur sur les qualités accidentelles de l'objet dont nous nous entretiendrons tout
naturellement en parlant dans notre troisième partie de
l'erreur sur la substance.

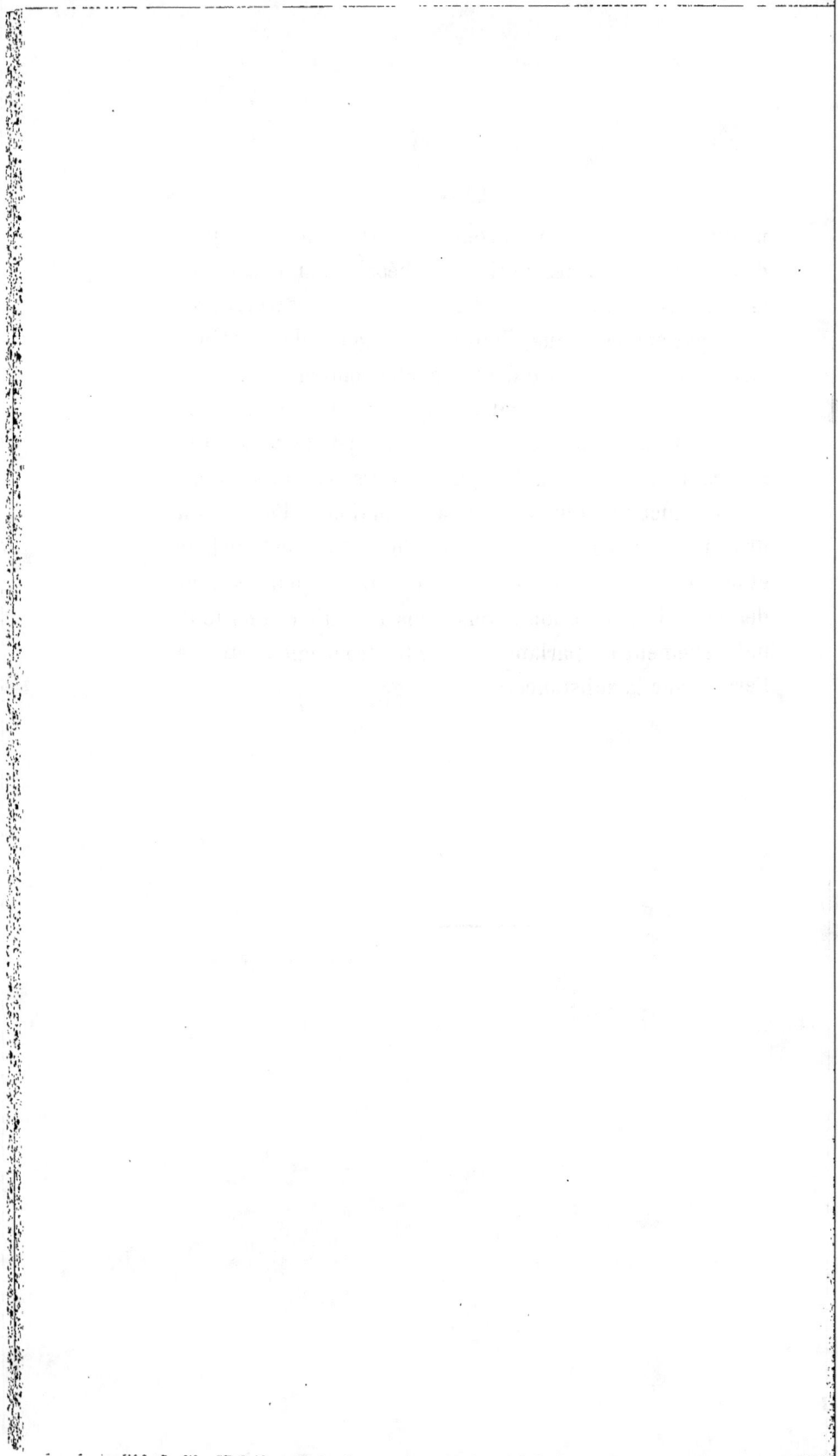

DEUXIÈME PARTIE

Erreur sur la personne

Il y a erreur sur la personne quand on se trompe sur l'identité de la personne physique, sur le nom ou sur les qualités d'un individu. Il y a donc trois sortes diverses d'erreurs sur la personne. L'erreur peut d'abord porter sur la personne même ; c'est l'erreur qui consiste à prendre Pierre pour Paul. Voulant faire faire mon portrait par M. Carolus-Durand, je traite avec M. Henner, croyant réellement traiter avec le premier : il y a là erreur sur la personne physique, je prends un homme pour un autre homme.

L'erreur peut porter en second lieu sur le nom d'une personne ; elle résulte de l'ignorance ou de la confusion des noms des personnes avec lesquelles on contracte. Je puis connaître un sculpteur habile sans savoir son nom, ou bien je puis croire qu'il s'appelle Falguière alors qu'il s'appelle Mercié ; voilà l'erreur sur le nom. La troisième sorte d'erreur, l'erreur sur les qualités, est celle qui me fait considérer une personne comme ayant une importance qu'elle n'a pas en réalité. Je commande un paysage à un peintre qui n'est que portraitiste dans la fausse persuasion que le paysage est la spécialité de ce peintre; il y a erreur sur les qualités de la personne.

Les trois hypothèses que nous venons de donner de l'erreur sur la personne, sont prises dans le sens large du mot, car dans le sens restreint et habituel, cette formule, *l'erreur sur la personne* ne porte que sur l'identité même de l'individu, c'est-à-dire sur l'individu physique. C'est le premier cas parmi ceux qui viennent d'être indiqués. Dans notre étude, nous aurons à dire successivement quelques mots des trois sortes d'erreurs que nous venons d'énumérer.

Nous verrons que les principes qui régissent l'erreur sur la personne, sont nettement établis par les auteurs, et nous remarquerons l'accord complet qui règne en cette matière entre la doctrine et la jurisprudence. Aussi cette partie de notre étude n'aura-t-elle quelque importance, à défaut d'attrait, que par les analyses auxquelles elle pourra donner lieu.

Dans la partie précédente, nous avions à distinguer entre les nullités relatives et les nullités absolues qu'on confond le plus souvent avec l'inexistence du contrat; nous n'aurons pas à faire ici cette distinction, l'erreur sur la personne n'étant jamais qu'un vice du consentement, et n'empêchant pas le contrat de se former.

Ce que nous conclurons surtout de notre examen de l'erreur sur la personne, c'est que la théorie de l'erreur sur la personne et la théorie de l'erreur sur la chose, dont nous aurons surtout à nous occuper, concordent dans notre législation de manière à former une grande unité. Ces deux sortes d'erreurs découlant du même principe sont soumises aux mêmes règles.

CHAPITRE PREMIER.

Erreur sur la personne physique.

SECTION I

EN QUOI CONSISTE CETTE ERREUR. — PRINCIPES THÉORIQUES

Citons d'abord le texte du Code (*art. 1110 2e alinéa*) : « Elle (l'erreur) n'est point une cause de nullité, lorsqu'elle ne tombe que sur la personne avec laquelle on a intention de contracter, à moins que la considération de cette personne ne soit la cause principale de cette convention ».

Il y a dans ce texte une règle et une exception. J'achète une vieille armoire à M. X., croyant l'acheter à M. Y, peu importe mon erreur, le contrat est parfait ; voilà la règle.

Dans certains contrats au contraire, où la considération de la personne est dominante, l'erreur sur la personne peut vicier le consentement et par voie de conséquence rendre le contrat annulable. Je commande un portrait à un peintre que je prends pour un autre, il y a là généralement erreur déterminante sur la personne. Voici l'exception.

Les rédacteurs du Code n'ont pas été les premiers à parler de l'erreur sur la personne. Les Romains s'en sont déjà occupés, et nous en trouvons les premières traces dans leur droit à propos de la donation et de la transaction. Après eux Domat et Pothier surtout, ont étudié la question. Voici dans quels termes ce dernier jurisconsulte s'exprimait à ce sujet (1) :

« Toutes les fois que la considération de la personne, avec qui je veux contracter, entre pour quelque chose dans le contrat que je veux faire, l'erreur sur la personne détruit mon consentement, et rend par conséquent la convention nulle. Par exemple, si voulant donner ou prêter une chose à Pierre, je la donne ou je la prête à Paul que je prends pour Pierre, cette donation et ce prêt sont nuls, par défaut de consentement de ma part ; car je n'ai pas voulu ni donner ni prêter cette chose à Paul ; je ne l'ai voulu donner ou prêter qu'à Pierre ; la considération de la personne de Pierre entrait dans la donation ou le prêt que je voulais faire ».

« Pareillement si voulant faire faire un tableau par Natoire, je fais marché pour faire ce tableau, avec Jacques que je prends pour Natoire, le marché est nul faute de consentement de ma part : car je n'ai pas voulu faire faire un tableau par Jacques, mais par Natoire ; la considération de la personne de Natoire et de sa réputation, entrait dans le marché que je voulais faire.

« Observez néanmoins que si Jacques, qui ignorait que je le prenais pour Natoire, a, en conséquence de cette

1. Nous citons immédiatement dans son entier la doctrine de Pothier relative à l'erreur sur la personne, et nous nous y reporterons dans les explications qui vont suivre.

convention erronée, fait le tableau, je serai obligé de le prendre et de le payer, suivant le dire des experts. Mais ce n'est pas, en ce cas, la convention qui m'y oblige, cette convention, qui est nulle, ne pouvant produire aucune obligation : la cause de mon obligation est, en ce cas, l'équité, qui m'oblige à indemniser celui que j'ai par mon imprudence induit en erreur : il naît de cette obligation une action qui s'appelle *in factum* » (1).

« Nous avons vu que l'erreur sur la personne rend la convention annulable toutes les fois que la considération de la personne a été déterminante, c'est-à-dire a conduit les parties à contracter. Au contraire, lorsque la considération de la personne avec qui je croyais contracter, n'est entrée pour rien dans le contrat, et que j'aurais également voulu faire ce contrat avec quelque personne que ce fût, comme avec celui avec qui j'ai contracté en fait, le contrat doit être valable. Par exemple, j'ai acheté chez un libraire un livre en blanc, qu'il s'est obligé de me livrer relié : le libraire en me le vendant a cru le vendre à Pierre à qui je ressemble, il m'a nommé du nom de Pierre en me le vendant, sans que je l'aie désabusé. Malgré cette circonstance, l'erreur dans laquelle il a été sur la personne à laquelle il vendait son livre, ne donne pas ouverture à une action en nullité en sa faveur, et ne peut fonder le refus qu'il ferait de me livrer ce livre pour le prix convenu, dans le cas auquel le livre,

1. Oblig., § 19.

depuis le marché, serait enchéri ; car quoiqu'il ait cru vendre un livre à Pierre, néanmoins, comme la personne de celui à qui il débitait sa marchandise lui était indifférente, ce n'est pas précisément et personnellement à Pierre qu'il a voulu vendre ce livre, mais à la personne qui lui donnerait le prix qu'il demandait, quelle qu'elle fût ; et par conséquent, il est vrai de dire que c'est à moi, qui étais cette personne, qu'il a voulu vendre son livre, et envers qui, il s'est obligé de le livrer. » C'est l'avis de Barbeyrac sur Pufendorf (l. 3, ch. 6, n° 7, note 2), tel que le rapporte Pothier.

Si l'on compare le texte de Pothier et celui du Code, il apparaît immédiatement une différence de terminologie. Le texte de Pothier dit en effet : « L'erreur annule toutes les fois que la considération de la personne entre dans la convention.... » ; et il ajoute plus loin : « au contraire, lorsque la considération de la personne n'est pas entrée dans le contrat.... le contrat doit être valable. » Le Code s'exprime tout autrement. D'après lui, l'erreur sur la personne n'est point une cause de nullité.... *à moins que* la considération de la personne ne soit la cause principale de la convention.

Il y a là certainement une différence grammaticale : ce qui est posé comme règle dans le texte de Pothier, est indiqué comme exception par le Code. D'où l'on peut se demander si juridiquement Pothier a voulu dire autre chose que le législateur. Nous ne le pensons pas. Pour Pothier, comme pour les rédacteurs du Code, croyons-nous, la considération de la personne est le point sur lequel il faut se baser pour interpréter une convention ; la théorie du Code a été construite par les rédacteurs d'après celle de leurs devanciers, et doit par conséquent être interprétée dans le même sens.

La terminologie employée par Bigot de Préameneu est plutôt celle de Domat sous le patronage duquel il se met d'ailleurs avec complaisance dans son exposé des motifs. Domat disait en effet : « Les majeurs, qui ont la liberté de toutes sortes de conventions, quoiqu'elles leur soient même désavantageuses, ne peuvent pas toujours, comme les mineurs, réparer le préjudice que peut leur faire dans leurs conventions l'ignorance de droit, ou l'erreur de fait. Mais en *quelques cas*, ils peuvent réparer ce préjudice et *dans les autres il faut qu'ils le souffrent* » (L.1, t. 18, sect. 1, nº 6, p. 240).

Nous trouvons bien ici la validité de la convention qui est la règle, la nullité, l'exception. Et c'est bien ce que Bigot de Préameneu dit dans l'exposé des motifs : « Il faut, s'il y a erreur sur la personne, que la considération de cette personne ait été la cause principale de cette convention : en un mot, il faut que le juge puisse être convaincu que la partie ne se serait point obligée si elle n'avait pas été dans cette erreur » (Locré, t. 12, p. 319).

La rédaction du Code est préférable à celle de Pothier, parce que grammaticalement elle est plus juste.

Si l'on prenait à la lettre l'explication de Pothier, la moindre erreur exerçant une influence sur la volonté des

parties contractantes, serait un vice du consentement. Or
telle n'était certainement pas la pensée de Pothier (Voy.
Laurent, t. 15, n° 497). Mais la rédaction de l'article 1110
rend beaucoup mieux compte de l'unité qui règne dans
la théorie de l'erreur. Comme nous le verrons, pour donner lieu à nullité, l'erreur sur la chose doit être principale, elle doit être substantielle. Or elle n'est substantielle que si elle a été prise en considération par la partie qui s'est trompée ; il en est de même de l'erreur sur
la personne. Elle aussi doit être principale, et en quelque
sorte substantielle ; une erreur principale est décisive et
déterminante, si bien que les parties se seraient bien gar-
dées de contracter si elles avaient connu leur erreur.

Les mêmes principes gouvernent donc l'erreur sur la
personne et l'erreur sur la chose, et le consentement des
parties sera vicié dès qu'il aura été le résultat d'une
erreur déterminante. En résumé, l'erreur sur la personne
physique rendra le contrat annulable toutes les fois qu'il
n'y aura pas de doute que j'ai contracté avec une personne, uniquement parce que je la prenais faussement
pour tel ou tel individu (V. Demolombe, t. 24, n°s 88 et 108).

SECTION II

EN PRATIQUE, COMMENT SE POSERA LA QUESTION ?

En pratique, le problème sera double, il faudra rechercher d'abord s'il y a eu erreur sur la personne ; ce sera

une question de fait. Il faudra en second lieu rechercher si cette erreur est telle que si elle n'avait pas existé, le contrat n'eût pas eu lieu ; ce qui est encore une question de fait, puisque tout dépend de l'intention des parties. Mais, comme nous allons nous en convaincre, l'examen de la nature des divers contrats facilitera beaucoup l'application de la distinction établie par l'article 1110.

Comment s'y prendre pour établir l'existence ou la non existence de ces faits ? L'article 1110 ne dit pas à quels signes il faudra reconnaître, d'une part, qu'il y a eu erreur sur la personne, et d'autre part, que, la considération de cette personne était la cause principale du contrat. Le législateur a gardé le silence sur ce point pour laisser aux magistrats la plus grande liberté d'appréciation possible, et pour leur permettre de décider dans chaque espèce suivant les différentes circonstances de la cause. Les rédacteurs du Code ne pouvaient en effet prévoir toutes les applications du principe qu'ils posaient, et ils ont préféré laisser aux juges le soin de développer les conséquences de ce principe. Les enquêtes, les interrogatoires, les écrits dressés par les parties serviront d'ailleurs puissamment à éclairer les juges sur l'intention présumable des contractants.

En général, la preuve de l'erreur sur la personne sera facile à faire. Ainsi, ce ne peut être que par erreur que je commande un portrait à un peintre en bâtiment, ou un meuble artistique à un charpentier, ou à un menuisier qui ne fait que des ouvrages en bois blanc. Cependant, il peut arriver quelquefois que la preuve soit impossible,

Supposons que me trouvant dans une réunion avec deux peintres portraitistes, le peintre Pierre et le peintre Paul, hommes de talent tous deux, je m'adresse à l'un d'eux Pierre, croyant m'adresser à Paul, par cette circonstance que je ne les connais pas de vue, mais de réputation seulement. Supposons encore que mon intention formelle soit de traiter avec Paul : Il y a évidemment erreur de ma part, mais il me sera le plus souvent bien difficile de prouver mon erreur devant le juge. Toutes les circonstances, l'objet de la commande, le prix, le genre de la peinture, peuvent aussi bien s'appliquer à une convention avec Pierre qu'avec Paul, et le juge sera fondé à me dire : Rien ne contredit votre prétention, mais rien non plus ne la prouve. Or, il est bien certain que c'est à celui qui invoque l'erreur, qu'incombe l'obligation de la prouver.

De ce que nous venons de dire, il résulte qu'une procédure basée sur l'erreur peut donner lieu à trois solutions différentes : 1° Le plaignant prouve qu'il y a eu erreur et que cette erreur a été déterminante : ce cas est le plus simple, il est régi par l'art. 1110, les juges prononceront la nullité ; 2° Les débats prouvent qu'il n'y a pas eu erreur : j'ai commandé mon tableau après avoir parlementé avec les deux artistes, et il ne ressort pas des circonstances que je me sois trompé ; point de doute dans ce cas, le plaignant sera débouté de sa demande ; 3° cette dernière hypothèse est plus délicate : les deux peintres ont des talents différents, je prouve bien qu'il y a eu erreur, mais il ne ressort pas qu'elle ait été déterminante ;

dans ce cas encore, l'erreur n'étant pas clairement établie, la demande en nullité sera écartée.

En admettant même que l'on prouve l'erreur sur la personne, il n'est pas toujours facile de prouver que cette erreur, toute certaine qu'elle sort, a été déterminante. Il s'agit en effet de prouver non seulement l'erreur, mais le degré, la qualité de cette erreur. L'erreur est subjective, et la qualité de l'erreur qui est cette considération que le contractant a eue de son cocontractant, considération qui a dû être la cause principale du contrat, est également subjective. C'est un sentiment, et ce sentiment peut bien n'avoir pas laissé de manifestation extérieure. La cause déterminante varie singulièrement suivant les individus. Tel amateur de tableaux désirera avant tout une Madeleine qui portera le cachet, qui sera de la « manière » d'un certain peintre, tandis que tel autre amateur préférera une Madeleine qui portera le cachet, qui sera de la « manière » d'un autre peintre ; et dans le cas que nous citons, il se rencontrera facilement que la partie demanderesse ne pourra pas faire la preuve de la cause déterminante qui l'a fait contracter. La difficulté de la preuve constitue certainement une lacune de la législation, mais il n'y a pas là cependant un danger sérieux, car en règle générale, les preuves seront possibles et éclatantes d'elles-mêmes. Mais il va de soi que les juges qui ont un grand pouvoir dans ces appréciations délicates, ont le devoir de se garder des solutions absolues et de bien considérer les faits. Leur pensée est souveraine, mais comme dit

Demolombe (n° 109 *in fine*), « ce n'est pas à dire que cette appréciation qui est dans le domaine du fait, ne soit pas elle-même soumise, en droit, à l'empire de certaines règles ; et tout au contraire, nous croyons que les magistrats auxquels elle appartient, doivent principalement prendre en considération les deux éléments que voici :

D'une part la nature de la convention ;

Et d'autre part, les circonstances qui y ont donné lieu.

Les principes généraux et le bon sens témoignent en effet, que ce sont là les deux raisons de décider en cette matière ; et on ne saurait douter que le législateur lui-même, par son silence, s'y est référé tacitement. » Ce sont là les deux ordres de considérations que Demolombe considère comme devant éclairer les juges.

Il y a peu de chose à dire de la deuxième. Les faits sont multiples, on ne peut les embrasser que dans une règle très générale, les juges doivent s'en pénétrer. Outre les circonstances, il pourra y avoir lieu pour les juges de tenir compte de la bonne foi de la partie sur l'identité de laquelle l'autre partie se sera trompée, et aussi du point de savoir si cette partie, quoique n'étant pas la personne avec laquelle l'autre a entendu contracter, n'offre pas néanmoins les mêmes garanties que cette personne.

Quant à la première des considérations indiquées par Demolombe, nous allons nous en occuper.

CONTRATS DANS LESQUELS ÉTANT DONNÉE LEUR NATURE MÊME, L'ERREUR SUR LA PERSONNE, SERA UNE CAUSE DE NULLITÉ, ET PRINCIPALEMENT DES CONTRATS QUI AYANT POUR OBJET UNE ŒUVRE D'ART, SONT FORMÉS « INTUITU PERSONÆ ».

Il est des contrats dans lesquels en raison de leur nature même, indépendamment de toutes autres causes, l'erreur sur la personne sera une cause de nullité. Certains contrats en effet ne peuvent pas être passés avec tout le monde ; l'*intuitus personæ* y est déterminant, c'est-à-dire que la considération de la personne avec laquelle on traite est la cause principale de ces conventions. Ces contrats répondent pleinement à ceux que le législateur a eus en vue en rédigeant l'art. 1110. Nous serons très brefs dans notre analyse, car il ne faut pas oublier que nous ne nous occupons que des contrats et spécialement des contrats qui ont pour objet une œuvre d'art. Nous laisserons donc de côté le mariage, l'adoption, où l'*intuitus personæ* joue un rôle prépondérant. En effet, si le mariage est un contrat, il est un contrat d'une nature tout à fait spéciale et étrangère à notre sujet.

Quant aux autres contrats, bornons-nous à dire pour ne pas rompre l'unité de notre travail, qu'il faut établir une distinction entre les contrats à titre gratuit et les contrats à titre onéreux.

Les contrats à titre gratuit ont pour principe une rela-

tion personnelle de confiance et d'affection tout en faisant naître des rapports pécuniaires entre les parties.
Quoi de plus individuel et de plus motivé par l'affection,
qu'une donation! Le bon sens s'oppose au maintien
d'une donation faite à une personne que l'on prend pour
une autre. Ce que nous disons de la donation s'applique
aussi bien à une institution contractuelle.

Il est évident que tout contrat de bienfaisance se base
sur les bons sentiments que nous avons vis-à-vis de telle
ou telle personne, et qu'on ne peut se figurer un acte
de ce genre dans lequel la considération de la personne
n'aurait pas une importance capitale et décisive.

Le commodat, le dépôt, le prêt gratuit sont soumis aux mêmes règles. Le commodat et le prêt
gratuit ne sont-ils pas des donations temporaires
ayant pour base l'estime et le désir de rendre service à des personnes que l'on aime! Nous en disons autant du dépôt, qui témoigne de la part du
déposant d'une grande confiance et de la part du déposi-
taire du réel désir d'obliger. Presque toujours dans ces
contrats la considération de la personne doit être présu-
mée avoir été déterminante pour les deux contractants.
Celui qui confère le bienfait est guidé par une intention
généreuse résultant des rapports qui le rapprochent de
celui qui est appelé à le recevoir. Sa volonté sera viciée
chaque fois qu'il se sera trompé sur la personne à laquelle il voulait procurer un avantage gratuit, et cela
quel que soit l'objet du contrat, œuvre d'art ou autre.

Parmi les contrats à titre onéreux, il en est qui suivent les mêmes règles que les contrats à titre gratuit. Ce sont ceux dans lesquels le crédit, le talent, l'aptitude, la réputation, l'industrie de la personne avec laquelle on contracte, sont pris en considération principale.

En dehors des contrats qui supposent quelque considération de ce genre, l'*intuitus personæ* ne sera presque jamais en cause. Prenons par exemple le contrat de vente auquel se réfère principalement cette étude.

Qu'importe de qui j'achète une statue, ! Pourqupi se préoccupe de savoir à qui je la vends ! Que ce soit de Pierre ou de Paul, l'argent de l'un vaut bien celui de l'autre. C'est bien ce que dit Pothier dans son exemple du livre. Le fait qu'il s'agit ici d'une œuvre d'art n'a donc aucune importance. Cependant même, pour la vente ou l'échange, il faut se garder de solutions par trop absolues. C'est ainsi que la vente d'une édition à un bouquiniste pourra être entachée d'erreur si je croyais traiter avec un grand éditeur ; de même dans une vente à terme « l'erreur sur la personne pourrait avoir de l'importance en raison de la solvabilité de l'acheteur. Donc, même pour la vente, rien d'absolu (Massé, t. III, p. 86).

Sous ces réserves, nous pouvons poser le principe que les contrats à titre onéreux dans lesquels le crédit, le talent, la réputation, le genre d'industrie ou de profession du *faciens* ne jouent pas un rôle essentiel, ne tombent pas sous l'application de la règle posée par l'art. 1110.

Laissant en dehors les autres contrats, nous ne nous

occuperons à présent que de ceux qui ont pour objet une obligation de faire.

La plupart des contrats à titre onéreux ayant pour objet une obligation de faire, répondent en effet aux conditions exigées pour prendre place dans l'énumération des contrats dans lesquels, étant donnée leur nature même, l'erreur sur la personne avec laquelle on contracte, sera une cause de nullité. Parmi ces contrats, ceux qui ont pour objet la confection et la restauration d'une œuvre d'art, occupent la place la plus importante. Nous nous trouvons ici en présence de l'exemple classique proposé par Pothier que nous avons reproduit. Voulant faire faire mon portrait, je m'adresse au peintre Jacques croyant m'adresser au peintre Natoire (1). La réputation

1. Une anecdote publiée par Me Quinton, du barreau d'Orléans dans la *Gazette des tribunaux* du 5 octobre 1844, explique pourquoi Pothier se plaisait à prendre comme exemple dans ses citations juridiques le nom de Natoire, peintre plus connu que Me Quinton ne semble le croire, car il fut directeur de l'Académie de France à Rome. Les musées de Versailles et de Dijon, l'hôtel de Soubise (archives nationales), la chapelle des enfants trouvés de Paris renferment plusieurs de ses tableaux.

Voici ce que raconte à cet égard M. Quinton :

« Les évêques d'Orléans avaient le droit de délivrer un certain nombre de prisonniers à leur entrée dans leur siège épiscopal ; ce droit résultait pour eux d'une coutume qui se perd dans la nuit des temps.

« Le peintre Natoire, dont le nom et les œuvres sont peu connus aujourd'hui, avait choisi pour sujet d'un grand tableau, qui orne encore en ce moment l'un des salons de l'évêché d'Orléans, l'entrée de M. de Paris, qui eut lieu le 2 mars 1734. Notre célèbre Pothier alors âgé de trente-cinq ans, est placé dans ce tableau au nombre des magistrats qui viennent sur le passage de l'évêque lui amener des prisonniers. Cette délicate attention de l'artiste flatta beaucoup le modeste et savant jurisconsulte. A son tour, il voulut rendre

et le talent d'un peintre sont en effet des éléments subs-
tantiels, et des raisons déterminantes telles, qu'un contrat
passé avec un autre est nécessairement entaché d'un vice
assez grave pour justifier une action en nullité. Ce qui est
vrai d'un peintre ou d'un sculpteur de renom, le serait
tout aussi bien d'un architecte ou d'un entrepreneur avec
lequel j'aurais contracté pour la construction d'un château et même d'une maison, car le talent et l'habileté de l'entrepreneur dans l'exécution de ces ouvrages,
peuvent avoir pour moi une valeur inappréciable.

La même règle s'appliquera à la réparation d'objets
d'art dans laquelle certains artistes et malheureusement
aussi certains marchands atteignent une singulière perfection.

Et il est bien certain que l'habileté d'un artiste pour
réparer un objet d'art ou un objet ancien, est le plus souvent la question principale qui détermine le choix du
propriétaire de l'objet à réparer. Dans ces conditions l'erreur sur la personne apparaît sans conteste comme cause
de nullité.

au peintre la distinction qu'il en avait reçue. A-t-il besoin, à l'appui d'un
principe de droit, de citer un nom recommandable en peinture, c'est toujours
le nom de Natoire qu'il choisit.... Certes notre excellent Pothier a largement
acquitté la petite dette de reconnaissance qu'il croyait avoir contractée vis-à-
vis de Natoire » (Voyez *Les recherches historiques et biographiques sur
Pothier* de M. A.-F.-M. Frémont. p. 280).

Il n'en est pas ainsi de toutes les obligations de faire. Je suppose, par exemple, un travail matériel, comme des travaux de dessèchement, de terrassement, un transport de marchandises, ou bien encore la convention de creuser un fossé ; ces travaux ne nécessitant aucun talent particulier, l'erreur ne donnera pas lieu à nullité. Mais encore ici, faut-il se garder de donner des solutions absolues. Il peut se faire que même pour des travaux matériels de ce genre, l'industrie et l'honnêteté du travailleur aient été la considération principale qui ait fait traiter avec lui. Ce sera toujours une question de fait de savoir si un contrat à titre onéreux ayant pour objet une obligation de faire, doit ou non entrer dans notre cas. Nous ne posons pas de présomptions, nous ne donnons que des exemples. Le juge devra être convaincu de l'erreur commise et de la portée de cette erreur.

Cette solution se comprend à plus forte raison dans une obligation de livrer. Je livre une statue à Pierre, croyant la livrer à Paul, alors que c'est bien Pierre qui s'en est rendu acquéreur ; mon erreur importera peu, car, comme le dit M. Demolombe, « dans une obligation de ce genre, on pourrait presque dire que c'est avec la chose elle-même que l'on traite sans aucune préoccupation de la personne, ou du moins quand on achète, c'est la chose que l'on a surtout et avant tout en vue » (Demolombe, n° 118.

Les recueils de jurisprudence ne citent aucune espèce

relative à l'erreur sur la personne. A première vue, on serait tenté de s'en étonner, puisque Pothier déjà pré voyait le cas d'erreur sur la personne en matière d'objets d'art. Mais l'hypothèse de Pothier est surtout une hypothèse d'école à laquelle le jurisconsulte s'est d'autant plus volontiers référé, qu'il trouvait ainsi l'occasion de payer à Natoire une dette de gratitude.

Quoi qu'il en soit, il paraît difficile qu'elle puisse se présenter. Il est certain que l'erreur sur l'auteur d'une œuvre d'art a une grande importance dans certains cas, mais cette erreur se confond le plus souvent avec l'erreur sur la substance.

Quand cette confusion existe-t-elle ? L'erreur sur la personne se confond avec cette erreur quand il s'agit d'un contrat portant sur une œuvre d'art achevée ; par exemple, je consens à acheter à Pierre une œuvre du Corrège. Que l'œuvre soit du Corrège, voilà une qualité substantielle que devra posséder le tableau que Pierre me livrera en exécution de la vente. Elle ne se confond pas avec cette erreur quand il s'agit d'un contrat portant sur une œuvre d'art à faire ; je consens à payer 1,000 fr. pour que Pierre fasse mon portrait ; or, je m'adresse à Paul beaucoup moins habile dans son art ; mais nous savons que l'erreur est ici presque invraisemblable. Elle ne l'est pas dans l'espèce suivante : Je consens à payer 1,000 fr. à un courtier pour qu'il fasse réparer des tableaux de ma galerie par un peintre d'avenir appelé Jacques, et le courtier charge de ce travail un peintre autre que Jacques. En un mot, l'erreur sur la personne de l'artiste n'est autre que l'erreur sur une « qualité substantielle », si le contrat dont il s'agit d'établir le caractère annulable est purement un contrat de donner. Il en est autrement si ce contrat renferme une obligation de faire. Il n'y a, à proprement parler, d'erreur sur la personne que dans ce dernier cas. Ces erreurs sont très rares. Voilà pourquoi la jurisprudence a eu rarement l'occasion de se prononcer sur de semblables questions.

CHAPITRE II

Erreur sur le nom et les qualités de la personne dans les contrats qui ont pour objet une œuvre d'art.

SECTION I

ERREUR SUR LE NOM DE LA PERSONNE.

L'erreur sur le nom de la personne ne saurait être un motif d'annulation lorsque d'ailleurs l'identité est constante. « *Error in prænomine, nomine et cognomine non vitiat, si constat de corpore* » (Rote de Gênes, décision 101, n° 5(. Il en est du nom de la personne comme du nom de l'objet. « *Si in nomine dissentiamus, verum de corpore constet, nulla dubitatio quin valeat emptio et venditio ; nihil emin facit error nominis, cum de corpore constat.* » Voici l'exemple : je veux faire faire une table par un grand ébéniste dont j'ai admiré les œuvres aux expositions, Pierre, par exemple ; mais par suite d'une erreur, je crois qu'au lieu de s'appeler Pierre, il s'appelle Paul ; mon erreur sera sans influence, car j'ai contracté avec l'ébéniste de talent que j'avais en vue, il n'y a eu dans

mon esprit qu'une ignorance ou une confusion de
nom.

SECTION II

ERREUR SUR LES QUALITÉS DE LA PERSONNE.

L'erreur sur les qualités est celle qui me fait attribuer à
une personne une valeur qu'elle n'a pas. Errer sur les
qualités, c'est, par exemple, commander un paysage
à un peintre portraitiste alors que je le considère
comme ayant la spécialité des paysages. Il n'y a plus ici
d'erreur sur l'identité physique, il n'y a plus cette erreur
qu'on a quelquefois appelée par comparaison *erreur in ipso
corpore*. J'ai bien traité avec la personne que j'avais en vue,
mais en raison d'une qualité qu'elle n'a pas. Cette qualité
est déterminante pour moi, elle est substantielle et tellement primordiale, que sans elle je n'aurais jamais traité.
Un peintre en effet peut exceller dans l'art de reproduire
avec ressemblance les images de ses semblables, qui pein-
drait très médiocrement des natures mortes ou des
paysages.

Si on ne s'en rapportait qu'aux précédents historiques,
on n'étendrait pas l'art. 1110 à cette hypothèse, car Pothier semble n'avoir eu en vue que l'erreur sur l'identité
physique. Mais nous ne pensons pas qu'il ait écrit son
article 19 dans un tel esprit de restriction, et il nous paraît plus conforme aux principes que nous développerons

bientôt, de ne pas restreindre ainsi le sens du mot.
Bien au contraire nous sommes disposés à l'étendre en
raison même des goûts du jour qui se sont modifiés dans
le courant de ce siècle, et qui on rendu déterminantes des
qualités qu'on n'aurait pas recherchées du temps de Pothier et même à l'époque de la rédaction du Code.

Demolombe est bien de notre avis ; il étend le domaine
de notre article, car « c'est moins l'identité matérielle qui
individualise les personnes que leur identité morale et
juridique ». Quand je donne à Pierre parce qu'il est mon
neveu, quand je loue une ferme parce que je crois que le
fermier est agriculteur, ce qui me détermine à donner ou
à louer, c'est la qualité de neveu ou d'agriculteur, et le
jour où j'apprendrais que Pierre n'est pas mon neveu, que
le fermier n'est pas agriculteur, je pourrais fort bien
demander la nullité de mon contrat.

On a prétendu qu'une erreur semblable portait seulement sur les motifs ; grave erreur à notre avis. Evidemment
si je donne à quelqu'un parce qu'il est pauvre, s'il est riche,
la donation n'en subsistera pas moins, ce sera une erreur
sur le motif, erreur non substantielle. Mais il n'en est pas
ainsi dans notre hypothèse. Ce sera au juge d'élucider la
question, car une qualité importante peut ne pas être
substantielle ; ainsi la solvabilité est la qualité principale
recherchée chez un débiteur, et ce n'est cependant pas
une qualité substantielle. Il en est de même de l'erreur
sur la capacité juridique d'une personne, quoique le contractant soit censé vouloir avant tout faire un contrat va-

lable (1). Tous les auteurs partagent notre avis, et comme dit M. Larombière : « Une qualité supposée méconnue ou ignorée peut être une cause de nullité, lorsque la considération de cette qualité a été la cause principale du contrat » (art. 1110, n° 20). Voy. aussi Demolombe (n° 121) ; Colmet de Santerre (t. v. n° 17 *bis*, III).

Il nous reste à rappeler ce que nous dirons aussi par rapport à l'erreur sur la substance, c'est que l'article 1382 vient au secours de la partie lésée par la nullité du contrat. Laurent fait ses réserves touchant la vente d'un objet quand l'erreur a causé préjudice au cocontractant. Ces réserves s'expliquent moins en cas d'erreur sur la personne, le préjudice étant généralement plus grand. Mais le savant auteur exige pour qu'une indemnité soit due qu'il y ait eu faute. Voici d'ailleurs comment s'exprime Laurent qui fait naître d'un quasi-délit toute action en dommages-intérêts: « La partie contre laquelle la nullité est demandée peut-elle réclamer des dommages-intérêts ? Pothier décide la question affirmativement. Si par erreur sur la personne, dit-il, je commande un tableau à Pierre que j'ai pris pour un célèbre peintre, je peux demander la nullité de la convention. Néanmoins si Pierre a fait le tableau je serai obligé de le prendre et de le payer à dire d'experts. Ce n'est pas que je sois tenu en vertu de la convention ; elle est annulée, et ce qui est nul ne peut

---

1. Voy. *Etude sur l'erreur* de M. Casabianca, p. 183 et suiv.

produire aucune obligation, dit Pothier ; c'est l'équité qui m'oblige à indemniser celui que j'ai induit en erreur par mon imprudence. Cette opinion doit encore être suivie sous l'empire du Code; mais on ne peut plus agir en vertu de l'équité, il faut un texte qui fasse de l'équité un droit. Ce texte se trouve dans l'article 1382 aux termes duquel tout fait quelconque de l'homme qui cause à autrui un dommage, oblige celui par la faute duquel il est arrivé, à le réparer. Il faut donc une faute. »

TROISIÈME PARTIE.

Erreur sur la substance et indirectement sur les qualités non substantielles.

Comme nous l'avons dit dans notre introduction, cette troisième partie qui est la partie essentielle de notre travail, doit comprendre d'abord l'étude théorique de l'erreur sur la chose qui fait l'objet du contrat. Nous aurons ensuite à appliquer cette théorie aux contrats qui ont pour bjet une œuvre d'art.

CHAPITRE PREMIER.

Théorie générale de l'erreur sur la chose objet du contrat.

Quand l'erreur sur la chose objet du contrat, entraîne-t-elle la nullité de ce contrat?

Le premier alinéa de l'article 1110 répond à notre question. Il est ainsi conçu: « L'erreur n'est une cause de nullité de la convention que lorsqu'elle tombe sur la substance même de la chose qui en fait l'objet ».

De prime abord, l'article 1110 semble bien clair quand il exige que l'erreur porte sur la substance de la chose comme condition absolument nécessaire pour entraîner la nullité d'une convention. La difficulté d'interprétation de cet article vient précisément de ce qu'on ne s'entend pas sur le sens du mot substance. Le problème que nous devons résoudre n'est donc autre que celui-ci: Que faut-il entendre par ce mot substance? A cette question la philosophie répond de son côté: La substance est l'essence inconnue d'une chose, *quod substat modis*, ce qui persiste pendant que la forme, la couleur, les phénomènes passent. Descartes donne un exemple de la substance en parlant « de la cire qui continue à subsister elle-même,

quand toutes ses manières d'être ont changé » (2e médi-
tation). Les philosophes d'ailleurs sont loin d'être d'accord sur ce point (Voyez Taine, traité de l'intelligence, t.
2, L. 2, Ch. 1). Cela importe peu au surplus pour le jurisconsulte qui recherche l'explication d'un texte. Il
ne fait pas de métaphysique, et il n'en doit pas faire.
C'est seulement le sens juridique du mot substance
qu'il a mission de préciser, de déterminer. Pour lui le problème est tout entier dans la question de savoir ce que
les rédacteurs de la loi qu'il veut expliquer, entendaient
par le mot substance.

Ainsi nous n'étudierons pas pour répondre à cette
question, tous les auteurs qui ont écrit sur la matière,
nous ne prendrons pas part dans les controverses méta-
physiques, nous n'accepterons pas telle ou telle définition scientifique, nous gardant de dire en conclusion : La
substance étant telle ou telle chose, l'erreur sur la substance ne rendra le contrat annulable que dans tel ou
tel cas nettement déterminé.

Nous croyons mieux faire en recherchant exclusivement quel sens les rédacteurs de notre Code ont eu l'intention de donner au mot substance. Notre question est
un problème d'histoire juridique, rien de plus, et les divergences profondes qui existent sur ce point entre les
auteurs, viennent principalement de ce qu'ils ont aban-
donné trop souvent ce point de vue qui est le seul vrai,
et se sont laissés plus ou moins entraîner par la conception philosophique de la substance, comme nous aurons

l'occasion de le voir dans la suite. Nous suivrons en cela l'exemple de Demolombe. Pour interpréter d'une manière exacte la pensée du législateur, l'illustre jurisconsulte s'est principalement inspiré de l'exposé des motifs de la loi, de la discussion qui en précéda la rédaction, de la doctrine universellement reçue à l'époque de cette rédaction et dans les siècles qui l'ont précédée, de la doctrine romaine, et enfin de raisons d'équité. Il a ainsi construit solidement toute une doctrine que nous croyons rigoureusement vraie et que nous allons exposer (Demolombe, t. 24, n° 88).

Nous lisons dans l'exposé des motifs de Bigot de Préameneu : « Le consentement n'est pas valable, s'il n'a été donné que par erreur. Pour que l'erreur soit une cause de nullité de la convention, il faut qu'elle tombe sur une qualité non accidentelle, mais sur la substance même de la chose qui en est l'objet. » Le fait d'opposer la substance aux qualités accidentelles, semble déjà indiquer que certaines qualités non accidentelles pourraient justifier par leur absence une action en nullité. Bien plus, le commissaire du gouvernement a tenu lui-même à expliquer sa pensée, afin que personne ne pût ignorer ce qu'il entendait par ces qualités de la chose qui ne sont pas accidentelles. Et voici sa conclusion : « En un mot, il faut que le juge puisse être convaincu que la partie ne se serait pas obligée, si elle n'avait pas été dans cette erreur » (Locré, t. 12, p. 319) (1). Qu'est-ce à dire si ce

1. Le tribun Mouricault dit au sujet de l'erreur : « La volonté doit être le

n'est que le juge admettra l'action en nullité quand l'erreur qui aura existé dans l'esprit de l'un des contractants, sera telle qu'il n'eût pas donné son consentement s'il avait su la vérité. Après ces explications, l'article 8 du projet qui correspondait à l'article 1110 actuel du Code civil, fut adopté sans discussion. De ce que cet article n'ait pas donné lieu à discussion, il est permis de conclure que le sens du mot substance était bien établi, et ne provoquait aucun doute dans l'esprit des législateurs. En somme, Bigot de Préameneu n'avait fait que formuler leur pensée, la notion qu'ils avaient tous de l'erreur sur la substance. C'est que les rédacteurs du Code étaient imbus des idées de Domat et de Pothier, à ce point que Laurent a pu appeler ces derniers les vrais auteurs du Code civil. Sans doute l'expression a dépassé légèrement la pensée de l'éminent auteur; il n'entend pas qu'on la prenne à la lettre, mais il a raison de penser que Domat et Pothier sont plus que les inspirateurs de notre Code. Leurs ouvrages en sont le meilleur commentaire, la plupart des articles du Code reproduisant fidèlement leur doctrine. L'opinion de ces deux auteurs a donc pour nous la plus grande importance.

Voici comment Domat s'exprimait : « Si l'erreur de fait

produit d'une détermination libre autant que réfléchie ; le consentement qui n'a été donné que par l'effet de l'erreur n'est donc pas un consentement réel et valable. Mais toute espèce d'erreur ne suffit pas pour infirmer une convention, il serait trop aisé de s'affranchir de ses engagements ; il faut que l'erreur ait porté sur la substance même de la chose ou sur le motif déterminant de l'engagement.

est telle, qu'il soit évident que celui qui a erré n'a consenti à la convention, que pour avoir ignoré la vérité d'un fait, et de sorte que la convention se trouve n'avoir pas d'autre fondement qu'un fait contraire à cette vérité qui était inconnue, cette erreur suffira pour annuler la convention soit qu'il se soit engagé dans quelque perte ou qu'il ait manqué d'user du droit qui lui était acquis » (L. 1, t. 18, § 1, n° 1, p. 240).

Domat n'insiste pas sur l'espèce d'erreur qui peut donner lieu à l'action en nullité, et semble considérer la question comme une question de fait.

Pothier (n° 18) n'avait pas une autre doctrine :

« L'erreur annule la convention, dit-il, non seulement lorsqu'elle tombe sur la chose même, mais *lorsqu'elle tombe sur la qualité de la chose que les contractants ont eue principalement en vue et qui fait la substance de cette chose.* C'est pourquoi si voulant acheter une paire de chandeliers d'argent, j'achète de vous une paire de chandeliers que vous me présentez à vendre, que je prends pour des chandeliers d'argent quoiqu'ils ne soient que de cuivre argenté, quand même vous n'auriez eu aucun dessein de me tromper, étant dans la même erreur que moi, la convention sera nulle parce que l'erreur dans laquelle j'ai été, détruit mon consentement ; car la chose que j'ai voulu acheter est une paire de chandeliers d'argent ; ceux que vous m'avez présentés à vendre étant des chandeliers de cuivre, on ne peut pas dire que ce soit la chose que j'ai voulu acheter. C'est ce que Julien décide dans une espèce à peu

près semblable en la loi 41, p. 1, ff. *eod. tit.*, et Ulpien
en la loi 41, p. 1, ff. *eod. tit.*, lorsqu'il dit : « *Si aes pro auro
veneat, non valet.* »

Quand Pothier nous dit que l'erreur annule la convention lorsqu'elle tombe sur la qualité de la *chose* que les
contractants ont eue principalement en vue, et qui fait la
substance même de la chose, il devient plus facile de comprendre le sens de l'article 1110. Il reste à savoir ce
qu'il faut entendre par qualités principales et substantielles pour les distinguer des qualités purement accessoires et accidentelles. Nous venons de voir qu'une qualité
est principale et substantielle lorsqu'une des parties l'a
eue en vue, fût-elle accidentelle et insignifiante par elle-
même ou pour autrui ; ce sera une question de fait. La
conclusion de Pothier n'est donc autre que celle de Domat.
Résumons ces deux conclusions : Il importe peu que telle
ou telle qualité soit constitutive et caractéristique de la
chose au point de vue scientifique.

Ce n'est pas dans la chose qu'il faudra chercher l'élément qui rendra l'erreur substantielle ou non, capable
de donner ou non ouverture à une action en nullité. Les
éléments du problème ne sont pas là ; ce terrain n'est pas
celui où nous devons poursuivre nos recherches. Nous
devons nous demander si la personne qui a traité eût
traité si elle avait su que la chose, objet du contrat,
manquait de telle ou telle qualité. Nous devons rechercher si elle considérait cette qualité comme très importante, comme principale, comme substantielle. Suivant

qu'elle l'aura considérée ainsi ou qu'elle n'y aura prêté aucune attention, elle pourra recourir ou non à l'action en nullité. Ce qui donne à une qualité cette importance particulière qui la rend substantielle, c'est donc la considération que le coutractant a pour cette qualité. Ce n'est pas l'objet qu'il est important d'étudier à cet égard, ni ses caractères élémentaires et constitutifs au point de vue scientifique, c'est le sujet. L'erreur substantielle est *subjective, non objective*. Elle réside dans la pensée du contractant. C'est lui qui donne à telle ou telle qualité sa nature substantielle ou accidentelle.

La doctrine que nous venons de développer est conforme au droit romain. Tel est le sens du texte d'Ulpien (l. 9, *de contrah. empt.* Dig.) qui, après avoir parlé dans le *præmium* de l'erreur sur l'objet, dit dans le § 2 : « *Inde quæritur, si in ipso corpore non erratur, sed in substantia error sit, utputa si acetum pro vino veneat, æs pro auro, vel plumbum pro argento, vel quid aliud argento simile, an emptio et venditio sit? Marcellus scripsit lib. 6, Digestorum emptionem esse et venditionem quia in corpus consensum est, etsi in materia sit erratum; ego in vino quidem consentio, quia eadem prope* ουσια, *id est, substantia est, si modo vinum acuit : cæterum si vinum non acuit, sed ab initio acetum fuit, ut embamma, id est, intinctus, aliud pro alio venisse videtur ; in cæteris autem nullam esse venditionem puto, quotiens in materia erratur.* » Nous trouvons une appréciation analogue dans le texte de Julien (l. 41, p. 1) : « *Mensam argento coopertam mihi ignoranti pro solida vendidisti impru-*

*dens : nulla est emptio pecuniaque eo nomine data condice-
tur.* » Marcellus semble bien confondre l'erreur sur l'i-
dentité avec l'erreur sur la substance, mais avec quelle
précision Ulpien en fait ressortir la différence. Il est vrai
que dans la loi 14, il semble d'opinion contraire. D'ailleurs, ce qui nous importe ici ce n'est pas de connaître
et de discuter l'opinion d'Ulpien et des autres jurisconsultes romains, mais bien l'opinion que leur prêtaient
sur ce point nos anciens auteurs.

Or il n'est pas douteux qu'elle est conforme à celle de
Domat qui est un romaniste et de Pothier qui est l'auteur
des *Pandectæ in novum ordinem Digestæ.*

Notre interprétation du mot substance n'est pas seulement conforme à l'histoire juridique, elle est encore conforme à l'équité. Il serait en effet absolument contraire
à l'intention des parties de maintenir des contrats con-
sentis par erreur. Souvent l'erreur sur les qualités est telle
qu'il est de toute évidence que les parties n'auraient jamais contracté, si elles avaient été éclairées. L'intérêt public réclame que les contrats entachés de tels vices ne
soient pas maintenus. Comme dit Bigot de Préameneu
(*Exposé des motifs Fenet XIII, p. 223*) « l'équité ne peut reconnaître comme obligatoire une convention si la partie
qui s'engage n'y a pas consenti ». Et l'article 1156 ne for-
mule-t-il pas ce principe d'une manière générale, quand il
dit que dans les conventions on doit rechercher la commune intention des parties.

Nous avons examiné les divers points sur lesquels De-

molombe s'appuie pour expliquer l'article 1110. L'erreur
sur la substance n'est donc pas seulement celle qui porte
sur la matière même de l'objet (*nous verrons que Duranton
semble enseigner le contraire. (t. X, n° 114 et 115).*

Il y a erreur sur la substance lorsque les parties ont
cherché dans l'objet certaines qualités (1) qui n'existent
pas et auxquelles elles attachent une importance capitale.
La qualité substantielle est telle que l'une des parties
n'eût pas contracté si elle avait su son absence ; c'est en
d'autres termes le rapport principal sous lequel la chose
a été envisagée par cette partie dans le contrat, fût-il de
minime importance pour d'autres (2). Quelques exemples éclairciront notre théorie :

Prenons d'abord l'exemple de Pothier : je vous achète
moyennant 200 francs des chandeliers en argent, et il se
trouve que ces chandeliers sont en laiton argenté. Nul
doute que nous soyons d'accord sur la nature et sur l'objet du contrat, mais il y a erreur sur la substance de cet
objet si j'ai spécialement envisagé la matière de ces chandeliers, et c'est parce que les chandeliers étaient à mon
sens en argent que j'ai consenti à acheter. On a reproché
à Pothier de ne considérer l'erreur sur la substance que

---

1. Bartole dit dans son traité de *alveo derelicto* : « *Forma substantialis in
qualibet re invisibilis est secundum philosophos, sed apud nos, rei substantialis forma est id per quod ipsa consistit, et unde denominationem accipit, lo-
quor de nominatione nominis appellativi.*

2. *Error circa qualitates objecti irritat contractum quando earum defectus
reddidit communi existimatione moraliter diversum ab eo quod intendebant con-
trahentes* (Carrière, *loc. cit.*, n° 58).

quand elle porte effectivement sur la matière première. L'unique exemple du jurisconsulte justifierait peut-être cette assertion s'il n'avait pas pris soin de dire bien nettement que l'erreur sur la substance existe « lorsqu'elle tombe sur les qualités de la chose que les contractants ont eues principalement en vue » ce qui fait dépendre la question d'erreur sur la substance de la simple intention des parties.

Supposez que je paie très cher une épée parce qu'elle a servi à Napoléon ou que l'empereur l'a donnée à un des vôtres, tandis qu'en réalité cette épée n'a nullement l'origine que je lui attribue. Dans ce cas, il n'y a aucune erreur sur la matière de l'objet, et il y a cependant erreur sur la substance, car je n'ai acheté cette épée que parce u'elle venait de Napoléon, et que c'est cette qualité que j'ai eue en vue en contractant avec vous. Nous trouvons encore un exemple frappant de l'erreur sur la substance dans le fait d'acheter pour antiques des monnaies qui sont modernes. Un fondeur ne considérerait dans cette acquisition que la nature du métal, un numismate au contraire ne verra que l'antiquité et pourra être victime d'une erreur sur la substance. Ces exemples nous prouvent d'une manière péremptoire que l'erreur sur la substance est une erreur dépendant exclusivement de l'intention des parties ; c'est l'intention qui fera que telle ou telle qualité de l'objet ait ou n'ait pas été substantielle dans telle ou telle espèce donnée. Le fait qu'une qualité est substantielle est donc, comme nous l'avons dit, d'origine et de nature subjectives.

On a souvent confondu l'erreur sur la substance avec l'erreur sur l'identité de l'objet, l'erreur *in ipso corpore*. Nous avons déjà parlé dans notre première partie de cette espèce d'erreur. Les exemples qui viennent d'être cités révèlent toute la différence qui la sépare de l'erreur sur la substance. Ulpien dans le *præmium* de la loi 41 nous montre exactement ce que c'est que l'erreur sur l'identité de l'objet : *Si igitur ego me fundum emere putarem Cornelianum, tu mihi te vendere Sempronianum putasti, quia in corpore dissensimus, emptio nulla est : Idem est si ego me Stichum tu Pamphilum absentem vendere putasti ; nam cum in corpore dissentiatur, apparet nullum esse emptionem.* Il y a erreur sur l'objet quand une des parties a en vue tel objet et l'autre partie tel autre objet, par exemple lorsque je crois vendre ma maison d'Alsace à Paul qui croit acheter ma maison de Suisse. Grande est la différence entre ces deux sortes de vices du consentement. Dans le cas d'erreur sur la substance, le contrat existe quoique annulable ; dans le cas d'erreur sur l'objet au contraire, le concours des volontés n'existe pas ; il y a « une proposition sans adhésion et une adhésion sans proposition » partant pas de contrat. Nous nous trouvons ici en présence de ce que nous avons appelé l'erreur obstacle ; le dissentiment sur l'objet empêche le contrat de se former. L'art. 1110 a en vue les qualités substantielles et non l'individualité même de la chose. Seulement on peut remarquer avec Duranton que l'erreur sur l'objet tombe nécessairement sur la substance même de la chose qui fait la matière de l'obligation. La prétention de confondre l'erreur [sur la substance avec l'erreur *in ipso corpore* serait donc bien dangereuse puisque dans le premier cas nous nous trouvons en présence d'un contrat inexistant, et dans le second en présence d'un contrat seulement annulable. (*Laurent. N. 488, Demolombe N. 87 in fine*). L'erreur ne portant pas sur l'objet pris en lui-même en sa totalité, en son identité, elle ne peut porter que sur une qualité de cet objet, une qualité qui sera ou non substantielle d'après l'intention des parties contractantes.

Nous avons dégagé ce que nous croyons être la pensée du législateur. Hâtons-nous d'ajouter que tous les auteurs ne partagent pas notre manière de voir, et parmi ceux qui la combattent, il s'en trouve des plus éminents. Duranton, nous y avons déjà fait allusion, semble ne considérer comme erreur sur la qualité substantielle que celle qui porte sur la matière première de l'objet. C'est ainsi qu'il dit : « Tantôt la substance est tout à la fois la forme et la matière, de manière que si la forme change, la substance est pour ainsi dire détruite.... Généralement dans les contrats, la substance de la chose s'entend aussi de la matière dont cette chose est formée » (*T. 10 N° 114*). Mais, comme dit Demolombe, « la science du droit qualifie les choses non pas précisément d'après les éléments matériels qui les constituent, mais bien plutôt d'après leur forme, leur nom, leur destination, comme aussi d'après les éléments divers d'origine, d'ancienneté ou autres qui leur sont propres, qui les individualisent spécialement et qui les distinguent des autres choses ». (*Dalloz alphabétique, Obligations*, n° 130 *et suivants*, *Savigny* III p. 138). On objecte bien que les exemples des jurisconsultes romains et de Pothier semblent ne faire allusion qu'à l'erreur sur la matière; cela tient à ce que du temps des jurisconsultes romains les espèces que nous envisageons se rencontraient moins frequemment, et nous savons que Pothier les a parfaitement prévues quoique n'en donnant pas d'exemples. Les paragraphes 17 à 20 du traité des obligations en portent la preuve. Ces paragraphes, nous les avons déjà cités en partie; il faut encore que nous y revenions. Notre raisonnement en effet n'est pas autre que celui-ci. Les rédacteurs du code civil ont entendu le mot substance, l'expression « qualités substantielles » comme ce mot, cette expression, étaient entendus dans l'ancien droit d'après leur sens juridique historique, c'est-à-dire traditionnel. Or Pothier, de même que Domat, les orateurs du gouvernement et ceux du Tribunat qui ont pris part à la discussion de cet article et se sont reportés à Pothier et à Domat, comprenaient ces locutions comme étant équivalentes, synonymes à tous les points de vue, et ils entendaient en les employant désigner les qualités que les parties avaient eues principalement en vue en contractant, qualités qui les avaient déterminées à contracter, à tel point qu'elles ne l'eussent pas fait si elles n'avaient pas cru que la chose, objet du contrat, les possédait. « L'erreur n'est une cause de nullité des contrats qu'autant qu'elle tombe non sur une qualité accidentelle, mais sur la substance même qui en est l'objet ». Tel est le principe posé par Pothier. S'expliquant ensuite, voici ce qu'il écrit : « c'est-à-dire sur la qualité de la chose que les contractants ont eue en vue et qui fait la substance de cette chose ».

Voilà donc l'axiome que nous ne devons jamais perdre de vue dans notre étude. Il nous a déjà fait rejeter par avance plusieurs opinions émises pourtant par des auteurs dignes de respect : MM. Aubry et Rau, Marcadé et Colmet de Santerre notamment. Il doit nous faire rejeter également l'opinion de Duranton. L'erreur sur la substance n'est pas seulement l'erreur sur la matière première dont est fait l'objet du contrat. Appliquant notre principe, nous devons dire que l'erreur sur la matière première ne sera substantielle qu'à cette condition qu'elle aura été prise principalement en considération par les contractants. Elle ne le sera pas au cas contraire.

Nos conclusions diffèrent donc beaucoup de celles que Duranton tirait de son système. 1° D'après lui, il n'y avait que l'erreur portant sur la matière première de l'objet du contrat, qui était substantielle ; d'après nous, l'erreur substantielle peut porter sur beaucoup de qualités qui n'ont aucun rapport avec la matière première. 2° D'après lui, l'erreur portant sur la matière première était toujours substantielle ; d'après nous elle ne l'est qu'à une condition *sine qua non* que nous avons indiquée.

Remarquons enfin, si nous nous reportons à ce que nous avons dit de l'erreur sur la personne, dans la précédente partie, qu'un principe unique domine toute la matière de l'erreur sur la substance et de l'erreur sur la personne. L'erreur portant sur la personne ou sur la substance n'aura l'effet de rendre le contrat annulable que dans le cas où la considération de la personne, la considération de la qualité de l'objet auront été « la cause principale de la convention » Tel est bien l'avis de Laurent et de Demolombe. Et bien que l'article 1110 se divise en deux paragraphes, l'un concernant l'erreur sur la substance, l'autre parlant de l'erreur sur la personne, et qu'il semble distinguer deux règles différentes, la théorie de l'erreur est une aujourd'hui comme elle l'était au temps de Pothier et de Domat. Il y a seulement deux applications d'un même principe.

D'après Aubry et Rau, on doit entendre par substance, non seulement les éléments matériels qui la composent, mais encore les propriétés dont la réunion constitue sa nature spécifique, et la distingue, d'après les notions communes, des choses de toute autre espèce. Ces auteurs pensent donc que les qualités individualisant une chose, les qualités tenant soit à l'origine, soit à l'ancienneté d'un objet, ne sont pas substantielles, qu'elles ne constituent pas ce qu'on appelle la substance.

Eux aussi invoquent à l'appui de leur solution, les travaux préparatoires. D'après eux, l'art 1110 a été rédigé avec un esprit de restriction ; et l'emploi des termes *substance même de la chose* n'a été fait que par opposition aux *simples qualités*. Il en résulte donc qu'une qualité si considérable, si importante qu'elle soit, au point de vue de la valeur de la chose, n'est jamais substantielle, et par conséquent susceptible de faire annuler la convention (*T. 4, § 343 bis*) Il faut, croyons-nous, rejeter pleinement cette théorie, car l'opposition signalée dans les travaux préparatoires entre la substance et les simples qualités n'est pas si grande que le disent les savants jurisconsultes. Si nous n'invoquions pas nous-mêmes les travaux préparatoires pour corroborer les preuves que nous donnons du sens véritable du mot substance, nous serions tentés de dire avec d'autres qu'il n'est point d'opinions, qui ne puisse découvrir dans ces recueils quelques lambeaux de phrases pour s'en prévaloir. Mais cet argument se tournerait contre nous. En réalité, quand nous lisons dans le recueil de Fenet (*t, 8. p.* 223) : « Pour que l'erreur soit une cause de nullité de la convention, il faut qu'elle tombe non sur une qualité accidentelle, mais sur la substance même de la chose qui en fait l'objet », n'est-il pas plus vrai de ne voir dans cette phrase qu'une antithèse entre les qualités substantielles et les qualités accidentelles ? L'article 1110 suppose que les parties sont d'accord sur l'identité de l'objet, et ne s'occupe pas de cette sorte de nullité ; il vise certaines qualités. La distinction entre les éléments matériels et la nature spécifique n'a plus aucune raison d'être, si l'erreur doit être telle que l'objet devienne *aliud pro alio*.

Marcadé admet la même définition : « Comment distinguer les qualités principales substantielles des qualités purement accessoires et accidentelles ? Où sera la ligne séparative ? Une qualité substantielle est une qualité qui n'étant pas susceptible de plus ou de moins, fait passer l'objet dans telle espèce ou telle autre espèce, selon que cette qualité existe ou n'existe pas.

M. Colmet de Santerre précise davantage encore, et en arrive à cette idée que les qualités substantielles sont celles dont l'absence dénature la chose, l'altère au point qu'elle devient une autre chose, un autre être que celui qui devait être l'objet de la convention. Ces auteurs les uns après les autres, ont de plus en plus précisé leur doctrine ; tous partent au fond d'une conception métaphysique de la substance, et M. Colmet de Santerre en arrive à assimiler en quelque sorte l'erreur sur la substance et l'erreur *in ipso corpore*, tout en admettant dans les exemples qu'il donne les solutions que nous avons adoptées. Nous croyons plus vrai de repousser avec Laurent la définition de M. Colmet de Santerre « parce qu'il en résulterait que le vice du consentement serait une absence de consentement, car l'erreur sur la substance étant une erreur sur la chose, sur l'être qui doit faire l'objet de ce contrat, il n'y avait pas de consentement. Cette conséquence est inadmissible . puisqu'elle est en contradiction avec la doctrine de Pothier. » Puis, comme le fait remarquer le jurisconsulte belge, cette solution fait d'une question de droit une question matérielle, en ce sens que l'absence de telle ou telle qualité matérielle fera que l'erreur sera ou ne sera pas substantielle. Demolombe partage l'avis de Laurent, mais il semble qu'il ait été trop loin en essayant de formuler une distinction catégorique entre les qualités substantielles et les qualités accidentelles au lieu de laisser cette question à l'appréciation des tribunaux.

Nous inclinons à penser quant à nous que le caractère substantiel ou accidentel d'une qualité de la chose, objet du contrat est uniquement intentionnel. C'est donc une pure question de fait. On ne peut pas dire qu'en droit une qualité est substantielle. Toutefois il est des qualités qui sont tellement importantes, qu'en fait on ne conçoit pas qu'il ait pu être de l'intention des parties contractantes de ne pas les considérer comme substantielles. Voilà pourquoi le *nomen appellativum*, le substantif ou la réunion de mots employés substantivement désignent des qualités généralement substantielles (*Demolombe*, n° 89). Telle fut la pensée de Pothier que les rédacteurs du code ont reproduite dans l'article 1110 en ces termes quelque peu énigmatiques : « L'erreur n'est une cause de nullité de la convention que lorsqu'elle tombe sur la substance même de la chose qui en est l'objet ».

Comme nous l'avons fait remarquer, l'erreur sur la substance, aussi bien que les autres erreurs, a sa source dans l'ignorance, l'inexpérience des parties, soit dans le dol également visé par le code (et qui vicie le contrat dans les cas même où l'erreur ne le vicierait pas), soit dans la contrefaçon qui est une des formes les plus fréquentes et les plus redoutables du dol et pour laquelle le législateur a ajouté une sanction pénale à la sanction civile de l'action en nullité et de l'action en dommages-intérêts. Nous nous occuperons de ces diverses actions dans la quatrième partie de ce travail.

CHAPITRE II.

Par qui doit être commise l'erreur sur une qualité substantielle pour devenir une cause de nullité des conventions en matière d'objets d'art.

Dans tout contrat, l'erreur peut être commune aux deux parties contractantes ou n'être commise que par l'une des deux parties. Nous avons à rechercher par qui doit être commise l'erreur sur une qualité substantielle pour devenir une cause de nullité des conventions en matière d'objets d'art.

Dans le cas d'erreur commune aux deux parties, nul n'a jamais contesté qu'il y ait nullité du contrat ; les principes que nous avons établis, devront être suivis. C'est bien ce que dit Pothier dans le début du paragraphe 17 du traité des obligations. « L'erreur est le plus grand vice des conventions : car les conventions sont formées par le consentement des parties ; et il ne peut y avoir de consentement lorsque les parties ont erré sur l'objet de leur convention : *Non videntur qui errant consentire* ; c'est ce que nous dit la loi romaine : *Si in materia et qualitate ambo errarent* (*loi 11 de contrahenda emptione*). Donc pas de contestation sur ce point. Mais il n'en est plus de même quand l'erreur n'existe que de la part d'une des parties. .

Nous examinerons la question en supposant d'abord que les parties se sont expliquées dans une clause spéciale de la convention, puis en étudiant le cas où il n'y a eu aucune explication sur ce point.

1er cas : Nous supposons que les parties se sont expliquées : J'achète par exemple un tableau à un marchand, en précisant que c'est un Rubens que je tiens à acheter. Le tableau n'est qu'une copie : il est incontestable que j'aurai une action en nullité pour erreur sur la substance. Nous dirons même plus : Supposant que précisant davantage, je manifeste à mon vendeur la volonté d'acheter un Rubens peint dans les premières années de l'artiste, il y aura là une qualité bien accidentelle, et cependant la manifestation de mes intentions rendra cette qualité substantielle ; j'aurai une action en nullité si j'ai fait erreur, et mon vendeur n'aura nul droit de se plaindre, puisqu'il connaissait mes intentions, et qu'il ne tenait qu'à lui de dissiper mes illusions. Les mêmes principes s'appliqueront à l'exemple inverse : J'achète un tableau attribué à Rubens, mais dont le marchand déclare ne pas me garantir l'authenticité. Après avoir eu la conviction qu'il était réellement du maître, je constate qu'il est moderne. Il y aura bien là une erreur substantielle ; malgré cela la nullité ne s'ensuivra pas.

Dans le premier exemple en effet, la convention en dernière analyse est formée sous condition. Cette condition se réalisera quand on aura vérifié que la qualité sur laquelle porte la clause explicative existe, tandis qu'elle tombera si cette qualité n'existe pas.

Dans le second exemple, nous ne sommes plus en présence d'un contrat conditionnel. J'achète le tableau quoique mon vendeur déclare ne pas me le garantir ; je crois à ma compétence en matière de tableaux. Peu importe si je constate dans la suite que je me suis trompé. J'ai passé un contrat aléatoire. C'est ce qui a été jugé dans une espèce relative à la vente d'un sabre oriental que nous aurons l'occasion de citer (1).

Il apparait clairement que quand les parties se sont expliquées au moment de passer le contrat, les surprises et les chances de procès diminuent considérablement.

Nous avons supposé une convention écrite ou verbale; ce n'est pas pour exclure une convention tacite qui peut fort bien se rencontrer ; ce sera une question de fait laissée à l'appréciation des juges. Les circonstances dans lesquelles un contrat a été passé font souvent connaître les intentions des parties aussi bien que les conventions elles-mêmes, c'est ce qui a permis de dire : *Eadem vis est taciti atque expressi.*

2ᵉ Cas : Les parties ne se sont pas expliquées et l'erreur n'existe que de la part de l'une d'elles.

Je vois chez un marchand un tableau moderne que je crois de Raphaël, une coupe en métal argenté, que je crois en argent. J'en demande le prix au vendeur sans autre explication sur l'origine du tableau, sur la matière pre-

1. *Infrà.* p. 106.

mière et sur l'ancienneté de la coupe, et le contrat est conclu. Il peut n'y avoir d'erreur que de mon côté, si mon vendeur ne sait pas que je prends comme œuvre de Raphaël une œuvre toute moderne, et une coupe moderne en métal argenté pour une coupe ancienne en argent. Le vendeur peut aussi se rendre compte de l'erreur dans laquelle je tombe, ce qui nous conduit à examiner le cas du vendeur de bonne foi et le cas du vendeur de mauvaise foi. Nous commençons par ce dernier ne considérant pour le moment l'erreur que chez l'acheteur, les mêmes règles s'appliquant à l'hypothèse inverse.

(a). Vendeur de mauvaise foi. — Nous supposons que le marchand a par ses manœuvres essayé et réussi à me faire croire que le tableau, objet de la vente, était un Raphaël ; mon erreur est occasionnée par le dol de mon vendeur. Ce fait n'est pas une simple hypothèse, car on connaît toutes les ruses que certains marchands de tableaux et d'antiquités emploient pour ce qu'ils appellent le « truquage ». Ici l'erreur est causée par le dol, il ne faut pas la confondre avec celle dont nous nous occupons.

Remarquons que malgré l'existence de manœuvres dolosives, les juges se contentent d'ordinaire d'appliquer l'art. 1110, laissant de côté l'application de l'art. 1116. L'acheteur d'habitude ne demande que la résiliation du contrat, trop heureux de retrouver son argent. Puis la preuve complète de dol n'est pas toujours facile à faire, et les juges estiment que la condamnation aux dépens du procès, et le préjudice résultant de la nullité de la vente, frappent suffisamment le vendeur peu scrupuleux, sans qu'il y ait nécessité de condamner à des dommages-intérêts pour dol. Ainsi le dol était au moins présumable dans l'affaire Veil-Picard que nous aurons l'occasion de citer (1) quoique les juges se soient désintéressés de la question. L'intérêt du cas de dol est surtout dans les dommages-intérêts, puisqu'en cette matière, il y a le fait de l'homme qui donne lieu à l'application de l'article 1382. Il peut arriver même que le dol constitue une escroquerie, et alors, nous le savons, la sanction pénale vient s'ajouter à la sanction civile (2).

Mais si le dol peut exister sans constituer un délit, est-il nécessaire pour qu'il existe, que le vendeur ait fait des manœuvres pour tromper, ou suffit-il qu'ayant vu l'erreur de l'acheteur, il l'y ait laissé ? C'est la seconde interprétation qu'il faut admettre, car est-il possible de douter du dol du vendeur qui se tait alors que l'acheteur lui manifeste ses impressions et ses intentions sur le Raphaël qu'il croit acheter ! Comme nous l'avons dit, le plus souvent les acheteurs trompés invoquent l'article 1110, mais ils ont à leur disposition aussi bien l'action de dol que l'action en nullité pour cause d'erreur.

De ce que le dol consiste à faire tomber quelqu'un dans l'erreur, des auteurs ont conclu que ces deux vices du consentement se confondaient, que le dol faisait double emploi avec l'erreur. Cette doctrine est erronée ; car d'une part, l'article 1109 qui énumère les vices du consen-

1. *Infra* p. 125.
2. Voy. dans ce sens un arrêt de la Cour de Douai. p. 153.

tement, distingue bien le dol de l'erreur et de la violence ;
d'autre part, l'erreur seule n'est un vice du consentement que sous certaines conditions déterminées, erreur
sur la nature, sur l'identité de l'objet, sur les qualités
substantielles, sur la cause. L'erreur provenant du dol,
au contraire, peut devenir un vice du consentement dans
d'autres cas que ceux que nous venons de mentionner. C'est
ainsi qu'elle peut donner lieu à nullité en cas d'erreur
sur le motif, quand, par exemple, vous me déterminez à
acheter un cheval en me persuadant faussement que
le mien vient de périr.

L'erreur sur le motif qui ne vicie pas dans les cas ordinaires les conventions, les viciera dans le cas de persuasion frauduleuse émanée du cocontractant. De même,
l'erreur sur les qualités accidentelles qui est indifférente
dans les contrats, les viciera dans le cas où elle sera le
résultat de manœuvres dolosives. Pour me persuader
qu'un livre est bon et pour me déterminer à l'acheter,
vous me dites faussement qu'il a été couronné par l'Académie; il pourra y avoir nullité.

Le dol sera encore une cause de nullité quand l'objet
de la convention aura des vices cachés et que le vendeur
les connaissant, aura stipulé l'exclusion de garantie
(art. 1643).

Nous voyons par là que les conditions nécessaires à la
nullité provenant du dol, diffèrent de celles qui entraî-
nent la nullité pour cause d'erreur. En cas de dol, la situation de l'acheteur est donc bien préférable, puisqu'il

importe peu que l'erreur accompagnée de dol porte sur les qualités substantielles ou non, la conséquence en étant toujours la nullité (1). (Demolombe, n°ˢ 181 et suivants).

Quand nous parlons de dol, nous supposons qu'il est le fait de la personne avec laquelle on a contracté. S'il a été pratiqué par un tiers, et à l'insu de la partie qui en a profité, le contrat tient et produit ses effets entre les parties contractantes, sauf à celle qui a été trompée, à recourir en dommages-intérêts contre l'auteur du dol. On s'est demandé pourquoi le dol ne permettait pas d'annuler le contrat quel qu'en fût l'auteur. Cette distinction est cependant fort équitable. Il est simple d'autoriser la partie qui a contracté sous l'influence du dol, à demander la nullité lorsque le dol émane de l'autre partie, ce n'est qu'une réparation du préjudice causé. Tandis que lorsque le dol est l'œuvre d'un tiers, en annulant le contrat, on réparerait le préjudice aux dépens d'un autre que le coupable, aux dépens du cocon-

1. M. Marcadé expose de la façon suivante la théorie de l'article 1116 : « Ou bien l'erreur produite par des manœuvres dolosives sera de nature à détruire le consentement, et alors il n'y aura pas de contrat ; ou bien elle sera de nature à vicier ce consentement, et à faire annuler le contrat formé, et alors ce sera le cas de l'art. 1110 et non pas encore le cas de l'art. 1116 ; ou bien enfin, l'erreur ne tombera que sur des circonstances indifférentes à la validité de la convention (par exemple sur les qualités simplement accidentelles de la chose, sur les motifs du contrat, etc.) et c'est le seul cas pour lequel l'art. 1116 puisse être fait. Ainsi donc les règles spéciales au dol ne se trouvent faites que pour le cas où le consentement n'est ni détruit, ni suffisamment vicié, et où le contrat dès lors se trouve, en principe, être pleinement valable ».

tractant innocent. Et il faut ajouter aussi que la partie induite en erreur a des reproches à se faire ; elle aurait dû être moins crédule et éviter les influences étrangères.

Nous nous résumons dans les trois propositions sui vantes :

1° L'erreur sur une qualité substantielle, qu'elle soit accompagnée ou non de dol, entraîne la nullité.

2° L'erreur sur une qualité accidentelle entraîne la nullité quand elle est accompagnée de dol commis par le vendeur.

3° L'erreur sur une qualité accidentelle, accompagnée de dol commis par un autre que le vendeur, n'entraîne pas la nullité.

b) Vendeur de bonne foi. — Reprenant l'exemple du soi-disant Raphaël et de la coupe en métal argenté, nous supposons que le vendeur a ignoré l'erreur dans laquelle se trouvait son cocontractant. Déciderons-nous que dans ce cas l'acheteur pourra demander la nullité de la vente ? La question est vivement controversée et de nombreux auteurs ont résolu la question négativement.

Toullier après Delvincourt, exige la mauvaise foi du vendeur. Il paraphrase d'abord l'exemple des chandeliers de Pothier, cas dans lequel il admet la nullité ; puis il parle de qualités paraissant former la substance de la chose et dont cependant le défaut n'annulerait pas la convention. Voici l'exemple qu'il donne : J'achète une maison que je croyais bâtie en pierres alors que les murs étaient en terre ou en bois. « La vente ne peut être annulée, c'est la maison telle qu'elle est, que j'ai voulu acheter ; *mon erreur n'était ni invincible ni occasionnée par le dol du vendeur.* » Cette phrase prouve bien que Toullier exige la mauvaise foi du vendeur.

Troplong, dans son ouvrage de la vente (t. I, nº 15) partage l'avis de Toullier. Commentant le procès Varisco-Perregaux, que nous verrons dans la suite (1), dans lequel le vendeur arguait de sa bonne foi, et l'arrêt par lequel Varisco obtint gain de cause, le jurisconsulte ajoute : « Cet arrêt qui n'adopte pas toute la défense de Varisco est conforme aux principes. Les circonstances de la cause prouvant que le nom des auteurs n'était pas la conviction déterminante et substantielle de la vente, il s'ensuit que l'erreur (en supposant qu'elle existât) n'empêcherait pas qu'il y eût consentement sur un objet déterminé, vu et apprécié, que l'acheteur avait pris pour bon dans l'état où il se trouvait. Mais il en eût été autrement s'il avait été *formellement exprimé* que le nom des auteurs était la condition *sine qua non* de la vente.» On ne saurait plus formellement exiger l'accord des parties que ne le fait Troplong ; la mauvaise foi du vendeur est donc spécialement exigée par lui.

C'est ce que pensent Aubry et Rau, quand, parlant de l'ancienneté et de l'origine, ils exigent que « les parties ayant traité en vue d'une pareille qualité, indiquée ou

1. Voy. p. 98.

précisée, elle soit devenue une condition de la convention. »

Ces diverses doctrines sont résumées par M. Larombière qui ne donne l'action en nullité que quand le vendeur et l'acheteur sont tous deux tombés dans l'erreur sur la substance. Il s'exprime ainsi :

« Nous supposons que la qualité de la chose a été formellement visée, garantie et promise. *Ce n'est en effet que par sa prise en considération expresse qu'elle devient substantielle* ; et si la loi ne parle que de l'erreur tombant sur la substance même de la chose, c'est qu'elle n'a pas à s'occuper ici de ce qui est purement de convention. Si donc les parties s'arrêtant seulement à son identité extérieure, prennent la chose telle qu'elle leur apparaît, peu importe ensuite que leur attente soit trompée par une qualité absente ou méconnue. Comme elle n'est pas autre chose dans les prévisions expresses du contrat, l'erreur qui tombe sur elle, est indifférente. Qu'un amateur, par exemple, achète sciemment ou non, mais sans dol, un tableau du Corrège, des monnaies antiques, exposés ou offerts en vente, comme croûte ou comme lingots ; peu importe l'erreur du vendeur. Tant pis pour lui s'il n'a pas connu les qualités qui rehaussaient le prix de sa chose. Il est lésé sans doute ; mais le vice de lésion est le seul qui se rencontre dans le contrat ; et comme, à raison de leur valeur arbitraire et variable, la lésion n'est pas une cause de nullité dans les ventes de choses mobilières, quelque lésionnaire qu'il soit. le contrat est tout de même maintenu. Par les mêmes raisons, si l'acheteur se trompait sur la qualité de la chose, il ne pourrait non plus revenir contre la convention, à défaut de prévision expresses de sa part et de promesses formelles de la part du vendeur, touchant la qualité supposée. » (*Larombière, I, p. 45, n° 3*).

Comme, le dit Demolombe, les arguments de M. Larombière, sont graves. Il semble injuste en effet que l'erreur personnelle de l'une des parties (*in mente retenta*) amenât la nullité du contrat, alors qu'en la personne de l'autre partie se trouvaient réunies toutes les conditions requises pour la validité de ce contrat.

Cette doctrine n'en est pas moins la bonne à notre avis. En voici les raisons :

L'art. 1109 dit qu'un consentement donné par erreur, extorqué par violence ou surpris par dol, est nul, et l'art. 1117 déclare qu'il annule le contrat. La généralité même de ces textes n'indique nullement que l'erreur doive être commune aux parties. La règle est de toute évidence en ce qui concerne le dol et la violence ; il serait bien arbitraire de juger différemment le cas de l'erreur qui est prévu dans les mêmes articles.

Il y a plus: à moins de circonstances si rares qu'on ne pourrait les prévoir, l'erreur sur la personne, prévue par la seconde partie de l'art. 1110, ne se rencontre jamais que chez l'une des parties contractantes. On ne peut cependant apprécier différemment l'erreur dans les deux parties du texte ; ce sont des solutions inséparables, car elles découlent du même principe ; et d'ailleurs les mêmes objections pourraient être faites dans le cas de la seconde partie de l'art. 1110. Je suppose, comme le dit Pothier que, croyant commander mon portrait à Natoire, je m'adresse par erreur à une personne obscure. Celle-ci pourrait aussi m'objecter que le contrat est valable quant à elle, qu'elle n'a commis aucun dol, que je suis en faute de ne m'être pas informé, et que mon imprévoyance ne saurait lui porter préjudice. Nous concluons donc que, puisque dans ce dernier cas la bonne foi du vendeur n'empêche pas la nullité, elle ne l'empêchera pas non plus dans le cas d'erreur sur la substance (Demolombe, nᵒˢ 100, 101).

Telle est l'opinion de Marcadé quand il dit : « En permettant de faire annuler la convention pour erreur sur la substance, la loi suppose que la volonté qu'avait une partie d'obtenir une chose de telle espèce, n'a pas été manifestée à l'autre partie » (art. 1110, nᵒ 111). M. Colmet de Santerre appuie son opinion sur les mêmes motifs que Demolombe (t. V, nᵒ 16 *bis*, IV). Laurent pense également qu'au lieu de dire avec M. Larombière que la prise en considération des parties rend seule une qualité substantielle, la loi dit plutôt le contraire. En effet, les causes qui vicient le consentement sont nécessairement individuelles, personnelles à celui qui consent. Il s'agit de la volonté de chacune des deux parties contractantes ; si ma volonté est viciée par l'erreur, quoique la vôtre soit pure de tout vice, le contrat sera nul (n° 503).

La plupart des auteurs qui admettent que la bonne foi du vendeur n'empêche pas la nullité, sont unanimes à penser que cette disposition de la loi est difficile à justifier et qu'en écoutant le langage de l'équité, il faudrait interpréter autrement la pensée du législateur.

Mais ils admettent que dans la pratique il y a des tempéraments à cette doctrine. D'abord les magistrats ne prononceront la nullité que quand l'erreur sera bien établie, et l'erreur *in mente retenta,* sera souvent fort difficile à prouver, surtout quand elle est grossière. Les tribunaux admettront plutôt, quand les parties ne seront entrées dans aucune explication, qu'elles ont eu l'intention de traiter sur l'objet tel qu'il leur apparaissait.

Ensuite, en admettant que la nullité soit prononcée, la plupart du temps il y aura au moins une grave imprudence à reprocher à l'acheteur, et si le vendeur en éprouve du préjudice, il y aura lieu à une action en dommages-intérêts en vertu de l'article 1382, d'après lequel tout fait quelconque de l'homme qui cause à autrui un dommage, oblige celui par la faute duquel il est arrivé, à le réparer. Mais il faut pour cela que la preuve du dommage résultant de la rescision du contrat soit faite, ce qui ne sera pas difficile si le dommage existe réellement.

Quand Pothier disait au sujet de l'erreur sur la personne, alors que cette personne était de bonne foi, que l'équitéobligeait à indemniser celui qui par l'imprudence de l'acheteur avait été induit en erreur, et qu'il naissait de cette obligation une action *in factum*, il étendait sans doute tacitement sa pensée à l'hypothèse du paragraphe précèdent, les principes étant les mêmes. (*Demolombe, n° 102, 103 ; Marcadé, art. 1110, n° 3 ; Colmet de Santerre, t. V, n. 16 bis IV ; Pothier n° 19*).

Laurent seul rejette le tempérament fourni par l'art. 1382, parce que, dit-il, « cet article n'est relatif qu'aux délits et quasi-délits ; en matière de conventions, les parties contractantes ne sont tenues que du dol et de la faute que l'on appelle légère. S'il y a dol, l'achetenr est responsable, mais il ne le serait pas pour une simple imprudence ». Et il conclut qu'en définitif, c'est la loi qui est défectueuse (*n° 504.* C'est ainsi que dans le cas où il n'y a qu'imprudence, l'art. 1382 ne pourrait s'appliquer même s'il en résultait un grand préjudice pour l'acheteur, comme si par exemple, il avait manqué pendant ce temps une belle occasion de vente.

Dans tous les cas que nous avons étudiés, nous avons toujours supposé, que l'erreur existait du côté de l'acheteur ; nous avons suivi en cela l'exemple de Pothier et de presque tous les auteurs, mais il est évident que notre théorie s'appliquera de quelque côté que soit l'erreur. Le vendeur cède pour un prix dérisoire (et ce serait vrai, même si le prix était élevé) un tableau de Raphaël qu'il croit être une médiocre copie, des candélabres en argent qu'il prend pour des candélabres en métal argenté, quelle raison il y aurait-il de ne pas lui appliquer les mêmes règles qu'à l'acheteur induit en erreur ? Comme le dit M. Colmet de Santerre, « le vendeur qui a cru vendre un buffet ordinaire quand il vendait un bahut précieux, est dans une position analogue à celle de l'acheteur qui achète une copie pour un original, et il n'y a pas de raisons pour lui refuser la même protection. »

On a objecté que l'erreur de l'acheteur tombe sur l'objet de l'obligation du vendeur ; l'erreur du vendeur au contraire, tombe sur l'objet de sa propre obligation. Ce n'est pas une raison pour écarter la nullité dans ce cas ; nous pensons qu'elle doit être admise à plus forte raison (Demol., n° 104).

Ce que nous avons dit de la vente, doit être également étendu aux autres contrats synallagmatiques et aux contrats unilatéraux.

Raisonnons d'abord sur les contrats synallagmatiques : L'art. 1110 n'est pas exact dans ses expressions. Il parle de « l'objet de la convention. » Dans les contrats synallagmatiques, il y a autant d'objets qu'il y a d'obligations ; dans l'échange, par exemple, les deux choses sont réciproquement l'objet de l'obligation de chacun des copermutants. L'art. 1110 devrait dire : « l'erreur est une cause de nullité de la convention, lorsqu'elle tombe sur la substance de l'une ou l'autre des choses qui sont l'objet de la convention. » Mais quoique la terminologie laisse à désirer, il n'en est pas moins certain que l'erreur sur la substance est une cause de nullité dans toutes les conventions synallagmatiques. Et il en sera de même dans les contrats unilatéraux. Je vous donne un tableau de maître, croyant vous donner une vulgaire copie ; je vous prête un service en pâte de Sèvres, croyant vous prêter un service ordinaire en porcelaine ; il est de toute évidence que cette donation, que ce prêt seront rescindables pour cause d'erreur sur la substance.(Demolombe, n°s 105, 106 ; Colmet de Santerre, t. V, n° 16 *bis*, V).

CHAPITRE III

**Application de notre doctrine dans les questions
d'espèces en matfère d'objets d'art.**

Nous avons vu quelle définition Aubry et Rau donnent
de la substance. Nous en arrivons aux conséquences qu'ils
tirent de leur définition :

« Quant à l'erreur portant sur l'origine, sur l'ancienneté ou sur telle ou telle qualité plus ou moins importante
de la chose, elle ne vicie point le contrat, à moins que les
parties ayant traité en vue d'une pareille qualité indiquée
ou précisée, elle ne soit devenue une condition de la convention. C'est ainsi que la vente d'un tableau que l'acheteur supposait être de tel maître, ou de monnaies qu'il
regardait comme anciennes, devrait, malgré son erreur,
être maintenue si les parties ne s'étaient point expliquées
sur ces qualités, et que le vendeur n'ait pas à se reprocher
un déguisement frauduleux de la vérité » (t. 4, p. 296).
Ces auteurs soutiennent leur système en invoquant la
nécessité de n'interpréter le Code qu'avec un esprit res-
trictif ; mais se préoccupent-ils suffisamment des principes qui ont guidé le législateur ?

M. Larombière exige également « que la qualité de la

chose ait été formellement visée, garantie et promise ».
Pour qu'une qualité devienne substantielle, il faut d'après
lui « une considération expresse ». Si donc les parties ont
traité d'après l'identité extérieure, on n'aura pas à tenir
compte de leur erreur (Larombière, t. 1, p. 45). De même
Toullier demande que les parties se soient expliquées
(n° 15, *des Obligations* ; voir aussi Massé-Vergé, t. 3, p. 555).

Il faut remarquer que du temps de Toullier, le goût
des objets d'art, des antiquités, des bibelots, était moins ré-
pandu qu'aujourd'hui. Actuellement le plus modeste bourgeois se pique de posséder des tableaux de maître et des
tapisseries des Gobelins. Aussi l'industrie moderne s'est-
elle hâtée d'approprier les nécessités du commerce avec
le goût du jour, et de hardis industriels, ont tenté souvent avec succès de surpendre l'expérience des collection-
neurs les plus difficiles. C'est ainsi qu'en Italie, on fabrique des camées anciens, en Egypte des amulettes de l'é-
poque des Pharaon, en Suisse des Courbet, à Zurich et à
St-Gall en particulier de superbes vieux meubles, à Bruxelles des Teniers, à Lyon des Fromentin ; et on se rap-
pelle qu'à Beauvais, à la suite de la découverte de quelques
tombes gauloises, on trouva à acheter près de 300 tom-
beaux renfermant des armes et objets précieux de toute
sorte. MM. Marcadé et Colmet de Santerre qui acceptent
la définition de la substance des savants commentateurs
de Zachariæ, ne vont cependant pas jusqu'à en admettre
les conséquences bien graves en matière d'ancienneté et
d'origine de la chose.

Il est vrai que naturellement parlant, la chose ne change pas d'espèce, l'être reste le même, quelle que soit son origine ou son ancienneté ; mais est-ce bien là l'intention des parties ? et on peut dire avec Domat : « Celui qui achète une statue qu'il croit grecque ne l'aurait pas achetée s'il avait su qu'elle fût moderne » ; donc son consentement est vicié.

Aubry et Rau n'admettent la nullité que si les parties se sont expliquées sur ces sortes de qualités, et ne font d'exception qu'en cas de déguisement frauduleux de la vérité. Pour nous il n'y aura qu'une question d'intention qui se prouvera d'après les circonstances ; et il n'y a pas à parler d'exception en cas de déguisement frauduleux de la vérité, puisque nous nous occupons en ce moment de l'article 1110 qui prévoit le cas d'erreur et non le cas de dol, ce dernier étant régi par d'autres articles. La jurisprudence s'abstient en général de donner des définitions de la substance, et il faut lui en savoir gré, car il est bien préférable qu'elle apprécie d'après les faits et les circonstances. Mais on peut se demander si ses déductions ont toujours abouti à des décisions absolument équitables.

Cependant si l'on jette une vue d'ensemble sur les jugements et arrêts rendus en cette matière depuis 1813, on s'aperçoit que l'opinion de la jurisprudence n'est pas précisément dénuée d'une certaine fixité. Elle a suivi en quelque sorte une marche progressive interrompue par un moment d'arrêt au milieu du siècle.

La première décision que nous trouvons dans les recueils de jurisprudence est un arrêt de la Cour de Paris de 1813 ; nous le verrons bientôt. Cet arrêt, dont les considérants sont absolument contraires aux principes que nous avons établis, marque la première manifestation de l'interprétation donnée à l'article 1110 par les tribunaux. On en a cherché l'explication dans ce fait que les arts étaient peu en honneur à cette époque de troubles, car Napoléon n'avait encouragé leur épanouissement qu'en conquérant à la France les merveilles de la peinture et de la sculpture italienne. Nous trouvons peut-être là une des raisons de l'opinion de la Cour d'appel.

Les décisions qui ont suivi, dénotent au contraire pour la plupart des appréciations toutes différentes ; et à quelques exceptions près, elles sont d'accord avec notre doctrine.

Mais la juste autorité de l'ouvrage d'Aubry et Rau vint bientôt marquer une période d'arrêt dans cette évolution, en jetant l'hésitation dans certains esprits. Nous en trouvons la preuve dans le procès Durand-Ruel contre Lévy et Cerf, un des plus importants en cette matière.

Mais heureusement, ce revirement ne devait pas être de longue durée, et la jurisprudence était loin d'être irrévocablement fixée. Les vendeurs peu scrupuleux s'étaient trop hâtés de triompher, et bientôt intervinrent des décisions de plus en plus nombreuses, en raison des attractions de la mode, et de plus en plus conformes à l'exacte interprétation de l'article 1110. Nous aurons à noter cependant encore, dans ces dernières années, des jugements paraissant se fonder sur une autre base que celle que nous avons adoptée.

Passons en revue ces diverses espèces d'autant plus fréquentes que des gens sans scrupules ont exploité dans un intérêt de lucre, les goûts du jour, et augmenté le nombre des objets d'art et des antiquités, en raison directe de celui des amateurs. Nous étudierons successivement les diverses applications que la jurisprudence a faites des principes que nous avons exposés, en réservant celles où l'erreur a été déterminée par le dol ou par une contrefaçon constatée, dont les auteurs ou du moins les complices sont connus. Dans ce dernier cas, en effet, les solutions des jugements se justifient par des raisons spéciales, et nous les examinerons à part (1).

C'est, comme nous l'avons dit, en 1813, que les questions relatives aux erreurs dans les contrats en matière d'objets d'art se sont présentées pour la première fois devant nos tribunaux. Mais dès la fin du dernier siècle, nous trouvons dans les décisions des tribunaux étrangers l'application du système que nous avons combattu.

En 1799, une partie de la collection du chevalier Wicar, léguée depuis au musée de Lille, fut l'objet d'un vol et passa en grande partie entre les mains d'un marchand florentin, Antoine Fœdi, qui en fit exécuter des copies

1. Les principales fraudes auxquelles on s'est livré en matière d'objets d'art sont indiquées dans l'intéressant ouvrage de M. Paul Eudel, *le Truquage*, auquel nous avons emprunté quelques-unes de nos espèces, quoique l'auteur ait eu le grand tort, pour nous, de ne pas indiquer les sources où il les a puisées.

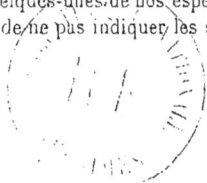

qu'il vendit à un amateur, M. Coëswelt, pour le prix de
800 piastres. M. Wicar, mis au courant du fait, révéla la
fraude à M. Coëswelt qui intenta au marchand une action
en nullité. Mais le tribunal de Florence le débouta de sa
demande sous le prétexte que le prix de 800 piastres dé-
pensé pour une semblable série de dessins, ne pouvait
raisonnablement s'appliquer à des originaux.

Comme on le voit, ce jugement porte l'empreinte de
la tendance qui fut longtemps si générale, surtout à l'é-
tranger, d'apprécier l'erreur d'après l'importance du prix
payé, comme si les questions d'erreur et de prix n'étaient
pas indépendantes l'une de l'autre. Toute la question
consiste à savoir s'il y a eu vraiment erreur ; et un amateur inexpérimenté peut se tromper dans le cas où le prix
est fort peu élevé. Il est bien des cas où un prix relati-
vement élevé n'entraînera pas la nullité pour cause d'erreur, parce que les circonstances de fait et l'expérience
de l'acheteur ne permettront pas de supposer qu'il y ait
eu erreur (1).

Le tribunal de la Seine émit en 1813 une doctrine analogue à celle du tribunal de Florence. M. Varisco avait
vendu au comte Perregaux quatre tableaux moyennant la
somme de 16000 francs. La quittance indiquait le nom
des auteurs de ces tableaux, André del Sarto, Claude
Lorrain, et Vernet. L'acheteur les avait fait examiner

1. Voy. *infrà*, p. 121.

par des connaisseurs avant la vente. Plus tard l'authenticité de l'origine de ces tableaux ayant été mise en doute, le comte Perregaux refusa de payer ce qu'il devait encore sur le prix, et demanda la nullité de la vente pour cause d'erreur sur la substance. Il invoquait en outre l'article 1641 sur la garantie des vices cachés. M. Varisco de son côté, soutenait que les tableaux étaient réellement les œuvres des peintres qu'il avait désignés. Il ajoutait qu'en droit, il était impossible de regarder comme essentielle une qualité incertaine de sa nature et non susceptible d'être rigoureusement constatée. Il rejetait l'article 1641 en faisant observer que le prétendu vice allégué par l'acheteur, n'était pas et ne pouvait pas être démontré. Le tribunal ordonna que les tableaux seraient examinés par des experts. M. Varisco interjeta appel de ce jugement interlocutoire, et sur cet appel, la Cour de Paris infirma le jugement en se basant sur ce fait, que l'acheteur avait vu et fait examiner plusieurs fois les tableaux avant de passer le contrat, et que de plus, après l'acquisition faite et une possession de plusieurs jours, il en avait payé le prix en partie. La Cour rejetait aussi l'application de l'article 1641, attendu que « l'appelant en énonçant ce qu'il pensait sur le nom des auteurs, comme il l'avait fait dans sa quittance, n'avait rien garanti à cet égard, n'avait point fait dépendre de cette condition le sort de la vente, et qu'une expertise sur un pareil fait, incertain de sa nature, et qui dans tous les cas ne pouvait être que matière à opinion, serait complètement inutile (*C. de*

Paris 17 juin 1813 ; *Dalloz, 1814, 2, 104* ; *Sir. 1814, 2, 85* ; *Annales de Pataille, 1861, p. 740*).

Cet arrêt est absolument, contraire à l'explication que nous avons donnée de l'article 1110. Il est évident, en effet, que l'acheteur désirait acquérir des tableaux peints par les artistes indiqués dans la quittance. Le fait de les avoir donnés à examiner à des connaisseurs, prouvait formellement son intention à cet égard, et c'est donc à tort que la Cour s'appuyait sur cet examen préalable pour en conclure que le comte Perregaux avait agi en pleine connaissance de cause.

Cet arrêt marque les débuts de la jurisprudence dans notre matière ; et on voit que la principale préoccupation des juges était alors uniquement de savoir si réellement l'acheteur avait bien examiné les tableaux avant d'en faire l'acquisition.

Dans le sens de l'arrêt que nous critiquons, nous pouvons encore citer un jugement du tribunal de la Seine qui décidait, le 13 mars 1840, que la vente d'un tableau attribué à un peintre célèbre ne pouvait pas être annulée par le motif que le tableau était d'un autre auteur, du moment où l'acheteur avait eu la faculté avant la vente de faire vérifier le tableau. Il s'agissait de deux Salvator-Rosa et l'acheteur demandait au tribunal de les faire expertiser. Le tribunal, comme l'avait fait la Cour dans l'espèce précédente, se refusa à nommer des experts et repoussa la demande (*Droit du 16 mars 1840*) (1).

1. Sur le mérite de l'expertise, Me Blanc avocat du défendeur donna lecture

Cette jurisprudence n'était d'ailleurs pas constante. Elle fléchisait déjà non-seulement en matière de tableaux (1), mais aussi par rapport à d'autres curiosités, par exemple en matière d'anciens manuscrits. Voici à cet égard une **espèce** qui remonte à 1844. Un libraire de Paris avait vendu un manuscrit des épitres de Saint-Jérôme sur peau vélin, annoncé comme étant du treizième siècle, pour la somme de 300 francs. L'acheteur s'aperçut plus tard, à une date indiquant l'année 1468, que le manuscrit était du quinzième siècle. L'antiquité que l'on avait annoncée faisait défaut ; le libraire ne devait pas déclarer ce qu'il ne savait pas, aussi la vente fut-elle annulée par le tribunal de la Seine (*Journal des Débats. 6 septembre 1844*).

d'un certificat émané de M. Pouillet expert, et témoignant d'un grand scepticisme à l'égard de ses confrères et de lui-même : « Je soussigné appréciateur de tableaux déclare qu'il est impossible d'acquérir par l'appréciation seule une preuve certaine de l'authenticité d'un tableau. On peut décider avec assurance qu'un tableau appartient à telle école, ou au genre de tel maître, mais non pas que ce tableau est nécessairement l'œuvre de ce maître, à moins qu'il ne s'agisse d'un chef-d'œuvre depuis longtemps connu dans les arts et dont on n'ait jamais perdu la trace. C'est à cause de cette indécision qu'il est d'usage de ne pas considérer l'indication du maître comme condition essentielle de la vente, mais simplement comme une attribution qui prouve toujours le goût et le mérite du tableau, mais rien de plus.

« L'art d'un copiste habile peut quelquefois tromper les appréciateurs lorsqu'ils n'ont pas l'original sous les yeux ou lorsqu'ils ne le connaissent pas. D'ailleurs un grand maître a pu faire un tableau inférieur à ses œuvres ordinaires, sans que ce tableau cesse d'être son ouvrage. Dans ce cas on reconnaît très bien son genre, mais non sa supériorité ordinaire ; enfin il est reconnu que les anciens maîtres se copiaient fréquemment, ce qui peut encore augmenter l'incertitude des appréciateurs ».

1. Bienhar avait vendu 5000 fr. à Godig un tableau faussement indiqué comme étant de Wouwermans. La vente fut résiliée le 27 mai 1846. (Dalloz, 1846, 4, 509, Sir., 1846. 2,502).

Mais en matière de tableaux, nous rencontrons encore à une époque voisine, dans le sens de la première jurisprudence des espèces que nous croyons basées sur une fausse interprétation de l'article 1110.

Un jugement du tribunal de la Seine, rendu peu après dans une espèce importante celle de l'affaire Durand-Ruel contre Lévy et Cerf, formula nettement non pas sur un interlocutoire, mais sur le fond même, cette théorie qu'en l'absence de stipulation formelle quant au nom de l'auteur d'un tableau, la nullité ne pouvait être demandée sous prétexte d'erreur sur la substance. « Attendu, portent les considérants, que le nom d'un artiste au bas d'un tableau, ne constitue pas une qualité substantielle de ce tableau ; que la fausseté du nom de Saint-Jean qui n'a pu être imputée à aucune des parties en cause et qui ne repose que sur la répudiation par l'artiste de l'œuvre qui porte son nom, aux termes de l'arrêt de non-lieu du 24 décembre 1847, n'a pas empêché qu'il y ait eu consentement des parties sur un objet déterminé vu et apprécié, et que l'acquéreur ne l'ait pris pour bon et dans l'état où il se trouvait ; qu'en l'absence de stipulation entre les parties que la garantie de ce nom a été une condition déterminante du contrat intervenu, Durand-Ruel ne saurait se prévaloir de la fausseté de ce nom pour demander la nullité..... etc. ». (*28 janvier 1848 ; Sir., 1848, 2, 99*).

La Cour au contraire reconnut l'obligation de garantie comme existante. Elle admit qu'on doit considérer comme faisant partie de la chose et appartenant à sa substance, le nom de l'auteur d'une œuvre d'art telle qu'un tableau, lorsque ce nom, est entré dans la convention des parties, et en a formé une condition essentielle. Et dans l'espèce, la Cour considérait que le tableau de Saint-Jean ayant été vendu 3800 francs à Durand-Ruel; il résultait évidemment de cette convention que le nom de Saint-Jean était une condition essentielle de cette vente. (*9 janvier 1849*; *Dalloz, 1849, 2, 67*).

Cet arrêt marque bien le point de départ de la nouvelle jurisprudence. Le tribunal de la Seine se conformant aux principes que développèrent plus tard Aubry et Rau, exigeait pour qu'il y eût nullité, que la qualité de tableau de Saint-Jean ait été indiquée ou précisée dans la facture, de manière à devenir une condition de la convention. La Cour pensa, avec plus de raison, selon nous, que l'indication du nom de l'auteur suffisait pour constituer une condition essentielle. Mais elle exigeait cependant que ce nom fût entré dans la convention des parties. Elle admettait aussi la nécessité de pourparlers préalables entre les contractants, concernant l'authenticité du tableau. Ainsi, la simple erreur de la part de l'acheteur ne serait pas suffisante d'après cet arrêt, pour provoquer la nullité, si elle n'avait pas été le résultat des conventions préliminaires de la vente.

Nous appelons l'attention sur cette nuance indiquée par la Cour de Paris, car la théorie que nous avons adoptée est beaucoup plus large. D'après nous, l'erreur doit être admise, même quand elle n'est pas le résultat des pourparlers. Ajoutons cependant que les difficultés de preuve tempèrent dans une large mesure ce qu'on pourrait trouver d'excessif à notre opinion.

Un certain laps de temps devait se passer avant que la jurisprudence qui s'affirma de nouveau par un certain nombre de décisions, (1) fît un nouveau pas. C'est le 15 avril 1863 que fut pour la première fois consacré pleinement le système que nous avons admis. Et il est à remarquer qu'il s'agissait dans l'espèce de la vente de plusieurs tableaux dont quelques-uns seulement portaient de fausses signatures. Voici le texte de cette décision :

1. Décisions dans le même sens :

a) La nullité d'une vente de tableaux portant de fausses signatures fut prononcée par la Cour de Paris le 29 mars 1856 en faveur de M. Leroy d'Etiolles contre M. Rémilleux. (Dalloz, 1856, 2, 175 ; *Annales de Pataille*, 1856, p. 121).

b) Affaire de Villars contre Pettinati (*Pataille*, 1856, p. 206).

c) Affaire des héritiers de M. Piérard contre M. Meffre expert en tableaux (*Pataille* 1866, p. 389).

d) Affaire Michel contre Coquet ; jugement du tribunal de Reims du 17 décembre 1874, confirmé par la Cour de Paris le 18 juin 1875 (*Dalloz*, 1876, 2, 62 ; *Pataille*, 1875, p. 421).

Décision en sens contraire.

Un arrêt de la Cour de Paris du 28 avril 1856 repoussa la demande en résolution de vente formée par M. Martin contre M. l'abbé Mestadier qui lui avait cédé moyennant 98.000 fr. payables en actions de la société de l'Ancre Martin, un tableau qui dans la correspondance échangée avait été expressément attribué au Corrège, mais cet arrêt à raison des circonstances particulières du procès, ne paraît devoir être considéré que comme une décision d'espèce. La Cour en effet, a en même temps débouté M. Mestadier de sa demande reconventionnelle en payement de 98.000 fr., valeur représentative au moment de la vente, d'actions qui au jour de la demande n'avaient plus aucune valeur (*Pataille*, 1856, p. 120).

« Attendu que Duclos a vendu au vicomte d'Auteuil plusieurs tableaux et études, déclarant que ces tableaux et études avaient notamment pour auteurs.... attendu qu'il est constant que ces déclarations étaient inexactes ; que les tableaux dont s'agit pour la plupart ont été faussement attribués aux maîtres dont ils portaient la signature ; que le consentement donné par le demandeur a donc été surpris et que le contrat doit être déclaré nul ; attendu d'ailleurs qu'on ne saurait admettre, suivant le prétexte du défendeur, que la vente qui a été faite en bloc, soit maintenue pour les tableaux dont la signature n'est point contestée..... déclare résiliée la vente intervenue entre les parties » (Pataille, 1863, p. 339).

L'erreur comme il résulte du jugement ne portait pas sur tous les tableaux, mais la vente ayant été faite en bloc pour un seul prix, le contrat devait être annulé pour le tout si l'on voulait se conformer aux intentions de l'acheteur.

Il faut remarquer cependant que pour les objets d'art autres que les tableaux, et en dehors de la question des signatures, le tribunal de la Seine persistait dans sa jurisprudence, tout au moins sur la question spéciale d'antiquités. Nous en trouvons la preuve dans la solution d'une espèce intéressante en matière d'orfèvrerie. M. Ferréol s'était rendu acquéreur de deux théières et d'un sucrier affectant la forme de l'argenterie du dix-septième siècle, et les avait payés 988 fr. à un orfèvre, M. Baron. La valeur du métal n'entrait dans cette somme que pour 388 fr. Deux ans après cette acquisition, ayant constaté que les objets vendus, au lieu d'être du dix-septième siècle, étaient de fabrication moderne, il actionna le vendeur en résolution de la vente. Le défendeur objecta qu'il n'avait nullement garanti l'ancienneté de l'argenterie qui portait d'ailleurs la marque d'un poinçon moderne, que l'on ne pouvait tirer aucune induction des termes de la facture, qu'il était notoire que le thé était peu en usage au dix-septième siècle, ce qui rendait ces sortes d'objets fort rares, et qu'en raison même de la valeur artistique de ces objets, les 600 fr. de façon ne constituaient pas un prix exagéré.

Le tribunal de la Seine, par un jugement du 28 juin 1862, repoussa la demande de M. Ferréol en se basant sur ce fait que le vendeur n'avait pas garanti l'ancienneté de la chose, et sans avoir égard au fait que cette ancienneté avait pu être l'un des éléments du contrat.

Par un jugement de la même année, le tribunal de la Seine repoussait également l'action en nullité dans une espèce où l'erreur ne portait pas sur l'antiquité de l'objet mais sur le titre du métal qui le composait, quoique le métal pût être considéré comme constituant la substance : M. Bloch s'était rendu acquéreur à l'hôtel des ventes pour le prix de 1850 francs d'un sabre porté au catalogue sous la désignation de « beau sabre oriental, poignée en or, et garniture du fourreau en or pesant 540 grammes, cadeau d'un souverain. » Le procès-verbal du commissaire-priseur portait : « sabre monté en or, adjugé sans garantie du titre. » Quelque temps après l'acquéreur, considérant que le titre de l'or n'était que de 492 millièmes, titre inférieur à celui de 500 millièmes admis par la Monnaie pour le poinçonnage de l'or d'origine étrangère, demanda contre le commissaire-priseur la nullité de la vente. Par son jugement du 19 septembre 1862, le tribunal repoussa cette demande par ce motif que le sabre avait été vendu sans garantie, comme objet d'art ayant une valeur indépendante de celle des matières premières qui l'ornaient. La Cour de cassation rejeta le 13 janvier 1864 le pourvoi interjeté contre ce jugement. (*Dalloz*, 1864, 1, 162 ; *Sir.*, 1864, 1, 93).

Observons qu'à la différence du précédent, ce jugement malgré le rejet de l'action en nullité n'est nullement en opposition avec notre théorie : il la consacre au contraire en ce sens, qu'il s'attache à l'intention des parties. Quel était en effet le but poursuivi par M. Bloch ? L'acquisition d'un lingot qu'il aurait revendu au poids ? Nullement. Il acquérait pour un prix bien supérieur à la valeur du métal, un objet artistique qu'il comptait revendre à un amateur.

Même en matière de tableaux et d'attribution d'auteur, le tribunal civil et surtout le tribunal de commerce de la Seine ne s'étaient pas ralliés sans hésitation à la jurisprudence de la Cour. Le 14 mars 1866, le tribunal de commerce repoussait une action en nullité introduite par l'acheteur dans l'espèce suivante. Au mois d'août 1865 M. Jarvès avait fait acquisition chez M. Moreau de trois tableaux dont l'un représentant Ste-Catherine et attri-

bué à Léonard de Vinci ; les deux autres passaient pour
être les œuvres de Luini et de Giorgione. Ces tableaux
furent vendus pour 90000 francs. M. Jarvès prétendit
qu'il n'avait consenti à les payer un prix si élevé que
parce qu'il pensait qu'ils étaient réellement l'œuvre des
maîtres indiqués et notamment de Léonard de Vinci, tandis que rien n'établissait qu'il en fût ainsi. Le tribunal
de Commerce jugea que la nullité ne pouvait être prononcée qu'en raison d'erreur ou de dol, que l'indication du tableau *attribué* à Léonard de Vinci excluait
toute pensée de l'originalité de l'œuvre et laissait à
l'acheteur la libre appréciation à ses riques et périls de
la valeur du tableau. (*Pataille*, 1867, p. 412). Ajoutons
que la Cour confirma par arrêt du 27 avril 1867 le jugement du tribunal de Commerce de la Seine.

Cette infraction aux principes par elle posés, s'explique
cependant par le caractère aléatoire que les mots « *attribué à* » semblaient assigner à cette vente.

Ce caractère n'existait à aucun degré dans l'espèce suivante, dans laquelle nous trouvons encore une dérogation a la théorie que nous jugeons la seule rationnelle : Le
chevalier de Burty possesseur d'une galerie de tableaux
célèbre, avait fait imprimer en 1819 un catalogue de ses
œuvres et sous le n° 186 de ce catalogue, figurait un tableau représentant le Repas chez Simon le Pharisien. En
regard on lisait : « Esquisse presque achevée, par Paul
Véronèse, du grand tableau qui se trouve au musée du

Louvre. » Plus tard ce tableau fut vendu par les héritiers du chevalier de Burty à M. Devigne qui le revendit
en 1864 à M. Joubert pour le prix de 6000 francs et la
quittance portait : « Tableau représentant le Repas chez
Simon le Pharisien, esquisse presque achevée, par Paul
Véronèse du grand tableau qui se trouve au musée im-
périal de Paris. »

M. Joubert voulut faire annuler cette vente, en se fon-
fondant sur ce que, au lieu d'être une œuvre originale
garantie par la quittance, ce tableau n'était au dire des
hommes compétents qu'une copie. M. Devigne répondit
qu'il avait vendu le tableau aux risques et périls de l'acheteur, comme il l'avait d'ailleurs acheté lui-même. Et le
tribunal de la Seine débouta M. Joubert de son action (*Pataille*, 1866, p. 99). Ce jugement considérait que la quittance ne contenait aucune stipulation de garantie, et que
les énonciations relatées n'étaient que la reproduction af-
faiblie du catalogue. Il ajoutait qu'une garantie de la
part du vendeur eût été imprudente et invraisemblable,
en raison des controverses touchant l'originalité des œuvres magistrales les plus accréditées de la peinture, et
constatait en outre que le prix n'était pas en rapport avec
la valeur d'une œuvre authentique de Véronèse. C'était,
comme on le voit la négation même de la théorie que nous
avons formulée.

Ce revirement devait être heureusement de peu de
durée, et nos principes déjà admis par la jurisprudence
de la Cour en matière de tableaux, ne tardèrent pas à être

appliqués de nouveau dans une espèce particulièrement délicate.

Le tribunal de la Seine jugea le 27 février 1873 que la vente d'un tableau attribué à un artiste connu, alors qu'il est constaté que cet artiste n'a fait que l'esquisse ou une partie seulement du tableau qui a été terminé par un autre, est entachée de nullité. Mme Bouqueton avait acheté par un intermédiaire à M. Launay un paysage attribué à Théodore Rousseau pour la somme de 1500 francs. M. Launay appela en cause son vendeur M. Jacques, car il s'agissait en réalité d'une esquisse de Théodore Rousseau représentant un chêne que M. Jacques avait augmenté d'un paysage avant de la revendre. Le tribunal jugea que M. Launay avait garanti autre chose que l'authenticité du chêne, puisque les termes de la vente ne comportaient aucune restriction et garantissaient le tableau comme entièrement original.

Il y avait assurément, dans l'espèce, erreur sur la substance de la part des acquéreurs successifs de cette œuvre, car celui qui achète un tableau de maître entend qu'il soit tout entier de la main de l'artiste (27 *février* 1873 ; *Pataille*, 1873, p. 318).

Mais le tribunal résistait toujours en matière de curiosités où la question d'antiquité jouait un rôle. C'est ainsi qu'en 1870, il repoussa une demande en nullité dans une espèce relative à des porcelaines de Sèvres. Le comte de Juigné était propriétaire d'une collection d'assiettes de Sèvres, parmi lesquelles s'en trouvaient quelques-unes de décoration moderne non faite à Sèvres. M. de Juigné les vendit en bloc en déclarant à l'acquéreur qu'elles provenaient de son grand-père, gouverneur de Sèvres sous Louis XVI. On lui donnait, écrivait-il, la première assiette de chaque service fait pour les souverains ou les ambassadeurs. Le marché fut conclu après examen de toutes les pièces, pour la somme de 50,000 fr. Dans l'action en nullité intentée par l'acquéreur tant pour dol que pour erreur sur la substance, le tribunal jugea que la lettre de M. de Juigné ne constituait pas une manœuvre dolosive, puisqu'elle était antérieure à la vérification, et que d'ailleurs le caractère dolosif faisait défaut, ce en quoi nous sommes d'accord avec lui, et en second lieu que les circonstances ne révélaient pas qu'il y ait eu erreur sur la substance.

Le seul argument qu'on puisse donner pour concilier ce jugement avec notre théorie, c'est que les douze assiettes avec décoration moderne pouvaient être considérées comme un accessoire de la vente, et il y a bien lieu d'en douter. Le jugement fut confirmé par la Cour d'appel le 9 mai 1876, sous la présidence de M. Larombière dont nous connaissons le système en ces matières *(Gaz. des Trib.*, 14 mai 1876).

Le tribunal de Nancy, le 18 mars 1876, avait rendu un jugement analogue. Il s'agissait de deux jardinières de Sèvres offertes d'abord comme vieux Sèvres, et vendues comme étant simplement en porcelaine de Sèvres. Faisons observer cependant que les juges, considérant que la faute amenant la résiliation de la vente était imputable aux deux parties, ordonnèrent que les dépens seraient compensés par moitié *(Gaz. des Trib.*, 13 avril 1876).

Malgré ces décisions, la jurisprudence n'allait pas tarder à étendre même aux curiosités l'application sévère, mais plus juridique qu'elle avait faite de l'art. 1110 en matière de tableaux.

En 1875, M. Basilewski, collectionneur, avait acheté, pour le prix de 8.000 fr., à M. de Nolivos, marchand de curiosités, une épée du douzième siècle qui aurait appartenu, disait-on, à Roger, roi de Sicile (1). M. de Nolivos l'avait achetée 4.000 fr. d'un autre marchand de curiosités, qui lui-même l'avait payée 2.200 fr. L'acquéreur ayant constaté que l'épée était de fabrication récente, demanda la restitution des 8.000 fr. qu'il avait payés. M. de Nolivos prétendit qu'en fait d'antiquités et de curiosités, les tribunaux ne sauraient appliquer les règles ordinaires du droit, et allégua que dans ces marchés l'aléa tenait toujours une place, le caprice des amateurs faisant la seule loi des parties. Il invoquait également les difficultés d'appréciation certaine. Le tribunal n'en prononça pas moins la nullité de la vente, en le condamnant à restituer les 8.000 fr., et un arrêt longuement et savamment motivé de la Cour confirma le jugement du tribunal civil (22 *avril* et 1er *décembre* 1877. *Sir.* 1877, 2, 325).

_____

1. La véritable épée du roi de Sicile était entre les mains de M. Longpérier, membre de l'Institut.

Il est incontestable, en effet, que dans les achats et ventes d'objets anciens et artistiques, ce que l'on achète, ce que l'on vend souvent à un prix exagéré, ce n'est pas tel ou tel objet en lui-même, c'est tel objet datant de telle époque, ayant telle origine et tel auteur, et c'est là ce qui constitue sa valeur.

En même temps, en matière de tableaux, et d'attribution de signatures, la jurisprudence contraire au système d'Aubry et Rau s'affirmait de plus en plus, et la Cour de Paris persistant dans la doctrine de l'arrêt que nous venons de rappeler, allait bientôt consacrer définitivement notre système en écartant l'interprétation qu'avait suivie le tribunal de commerce de la Seine par trop préoccupé des règles commerciales. M. Tourreil, agent de change, s'était rendu acquéreur à titre de dation en paiement de douze tableaux appartenant à un de ses débiteurs M. Schwabacher. Deux de ces tableaux étaient attribués à Jules Dupré et Isabey. M. Tourreil prétendit que les signatures étaient fausses, mais le tribunal de commerce écarta sa demande en nullité du contrat, jugeant que la quittance était écrite de la main de M. Tourreil ou de son représentant, et ne mentionnait aucune garantie d'authenticité. La décision était en outre basée sur ce que M. Tourreil avait fait expertiser les tableaux avant la vente. La Cour de Paris par arrêt du 14 décembre 1878, réforma cette décision. Elle admit que la mention dans la quittance des noms d'Isabey et de Jules Dupré, suffisait pour établir que l'authenticité des peintres désignés avait été l'essence du contrat et constituait la substance même de la chose vendue. L'erreur de M. Tourreil sur ce point avait été substantielle et de nature à vicier son consentement, alors qu'il était manifestement établi que les deux tableaux n'étaient pas l'œuvre des peintres auxquels on les avait attribués.

La question était définitivement tranchée en matière de signatures. Par un dernier progrès, elle le fut en matière d'antiquités, et par le tribunal de commerce lui-même converti à la nouvelle doctrine.

M. de Vaere, marchand de curiosités, avait acheté en janvier 1882 à M. Deveuve un coffret orné d'émaux qu'il avait payé 7000 francs. La facture portait la mention suivante : « Vendu à M. de Vaere un coffret Louis XIII ». M. Deveuve reconnut que le coffret était moderne et assigna son vendeur devant le tribunal de commerce de la Seine pour obtenir la résiliation de la vente. D'après le rapport de l'arbitre, l'objet provenait d'une fabrique viennoise d'imitations d'objets d'art.

Le 2 novembre 1882 le tribunal rendit le jugement suivant : « Attendu qu'il appert des débats que dans le courant de janvier 1882, Deveuve a vendu à de Vaere un coffret Louis XIII, garni d'émaux pour le prix de 7000 francs ; qu'en fait les documents de la cause démontrent que le coffret livré est de fabrication moderne ;

« Attendu que vainement le défendeur soutient aujourd'hui qu'il suffirait que le coffret fût de style Louis XIII, pour entraîner la validité de la vente ; qu'il est en effet acquis pour le tribunal que les conventions des parties ont eu en vue un objet ancien fabriqué sous le règne de Louis XIII ; que cette interprétation résulte, non seulement du reçu donné par Deveuve, mais encore du prix qu'a été payé le coffret, objet du litige ;

« Que dès lors, en livrant un coffret moderne pour un coffret ancien, Deveuve a contrevenu à ses obligations et qu'en l'état, ce dernier ne saurait prétendre qu'un contrat accompli par lui dans les conditions qui viennent d'être rappelées, puisse recevoir la sanction du tribunal ; qu'il convient au contraire de l'annuler et de faire droit aux divers chefs de la demande ;

« Par ces motifs, vu le rapport de l'arbitre, condamne Deveuve, par les voies de droit, à payer à de Vaere 7.000 fr. avec les intérêts de droit ; dit qu'il sera tenu lors du paiement de reprendre le coffret dont s'agit au débat ; et condamne Deveuve aux dépens. »

La Cour de Paris ne put que confirmer par arrêt du 14 décembre 1882 ce jugement conforme en matière d'antiquité de curiosités à la doctrine qu'elle avait elle-même posée en matière de signature de tableaux (Sir., 1883, 2, 69; *Gaz. du Palais*, 1883, 1, 311; *Droit*, n° 34, 1883; *Pataille*, 1883, p. 114).

Signalons encore dans le même sens un autre jugement rendu à la même époque par le tribunal de commerce de la Seine : M. Barré avait acheté pour le prix de 500 francs à MM. Martin et Cⁱᵉ deux statuettes en bronze et le vendeur lui avait livré deux statuettes en zinc. Sur la réclamation de l'acheteur, le tribunal de commerce de la Seine annula la vente. Les affiches et prospectus du vendeur annonçaient en effet la vente de bronzes d'art et d'ameublement, de sorte que l'acheteur avait eu de justes raisons de croire que moyennant le prix de 500 francs, il acquérait des statuettes de bronze. Outre l'erreur sur la substance, toute conforme à l'exemple des chandeliers de Pothier, l'espèce se compliquait encore d'une question de dol, aussi le tribunal prononça-t-il une condamnation à des dommages-intérêts (21 juin 1882 ; *Droit*, 1882, nº 197).

Nous reviendrons encore dans notre quatrième partie sur la question de dol et de dommages-intérêts, mais nous signalons ce fait que cette espèce est la première où des dommages-intérêts aient été alloués à l'acheteur. Le dol pouvait exister dans les espèces antérieures, mais il n'était pas nécessairement imputable au vendeur lui-même.

Certains tribunaux résistaient encore à la nouvelle jurisprudence suffisamment fixée cependant. C'est ainsi que le tribunal de Nice excluait la clause de garantie dans une espèce, par une décision qui donne lieu à des observations.

M. Kleinberger avait ouvert à Nice un magasin dont l'enseigne portait : « Exposition et vente de tableaux anciens des meilleurs maîtres ». Il distribuait de plus aux visiteurs un catalogue avec notice historique des tableaux. M. Bailly acheta neuf tableaux qui étaient censés

appartenir à l'école flamande du XVIe siècle. Il s'aperçut
bientôt que les tableaux étaient des copies de fabrication
toute moderne ; il assigna M. Kleinberger en nullité de
la vente et demanda des dommages-intérêts, soutenant
que le marchand avait obtenu son consentement à l'aide
de manœuvres dolosives, et qu'en tout cas il y avait erreur
sur la substance de la chose. M. Kleinberger opposa sa facture qui portait les mots suivants : « Attribué à Hobbéma.....», et fit remarquer que des tableaux des maîtres
indiqués sur la facture auraient valu 10 fois plus, qu'il
y avait là un aléa excluant la garantie. M. Bailly répliqua
qu'une copie fabriquée récemment ne pouvait en aucune
façon être attribuée à des peintres appartenant à l'école
flamande du XVIe siècle.

Le tribunal jugea, comme l'avait fait le tribunal de la
Seine et la Cour de Paris dans l'affaire du tableau attribué à Léonard de Vinci, que « l'erreur ne pouvant se
rencontrer que dans la vraie paternité des tableaux,
Bailly ne saurait ni en arguer, ni encore moins prouver
qu'ils n'étaient pas l'œuvre des auteurs auxquels ils
étaient attribués, qu'en pareille matière l'acheteur ne
pouvait invoquer l'erreur à raison de l'attribution d'auteur, qu'autant que le nom aurait été garanti et aurait
ainsi formé une des conditions substantielles du contrat;
que cette garantie ne se rencontrait pas dans l'espèce,
et qu'en fait, le prix de 10,000 francs en espèces et 2,000
francs en bijoux était bien inférieur à la valeur donnée
dans différentes ventes publiques aux tableaux émanant

des maîtres auxquels étaient attribués ces tableaux. Le tribunal estimait toutefois qu'il était indispensable que les tableaux attribués à un maître, mais sans garantie, fussent au moins de l'époque où avait vécu le maître, et appartinssent à son école ; et il décida qu'il y avait lieu de faire procéder par experts à cette vérification.

On remarquera d'une part, que le tribunal de Nice ne se plaçait pas comme celui de la Seine sur le terrain ingénieux du contrat aléatoire, et que d'autre part, par une inconséquence avec ses principes, il attachait à la mention *attribué à* une certaine portée au point de vue de la garantie, puisqu'elle impliquait, selon lui, que le tableau fût de l'école et de l'époque du maître désigné. Quoi qu'il en soit, en décidant que la circonstance que le tableau était simplement *attribué à* Hobbéma, était exclusive de garantie, le tribunal de Nice n'avait pas tenu compte de l'intention des parties, et le moyen terme qu'il adoptait pour ne pas favoriser les tendances frauduleuses de certains marchands de tableaux abusant de l'inexpérience de leurs acheteurs, se référait plutôt à l'application de l'article 1116 qu'à celle de l'article 1110. Quant à l'argument tiré de ce que les tableaux authentiques de Hobbéma valaient beaucoup plus que le prix payé, nous en avons déjà fait ressortir le peu de portée. On ne peut exiger de tout acheteur d'être un véritable amateur ; et nous pensons que la cour d'Aix eût réformé ce jugement si on en avait interjeté appel (Loi 1881, n° 68).

Combien nous préférons la doctrine du jugement

d'Hazebrouck, si fortement motivé dans l'espèce suivante : M. Leroy avait acheté trois tableaux signés Courbet, Bouguereau et Heilbuth pour la somme de 1,500 fr. Il fut bientôt convaincu que ces tableaux portaient de fausses signatures. Le vendeur, M. Robeau, soutint qu'il n'avait pas garanti l'authenticité des tableaux, et que l'erreur sur le nom de l'artiste ne constituait pas une erreur sur la substance.

Le tribunal d'Hazebrouck n'en condamna pas moins M. Robeau, « attendu qu'en matière d'art, il n'est pas douteux que l'un des éléments importants de la valeur vénale se trouve dans la signature du maître, et que l'attestation d'une origine mensongère peut donner ouverture à de légitimes revendications, alors qu'il est démontré que l'acquéreur n'avait en vue que l'authenticité de l'œuvre achetée ; que, dans ce cas, l'erreur est considérée comme portant sur la substance même de la chose vendue ; attendu que dans le procès qui s'agite entre Leroy et Robeau, il y a lieu de rechercher la commune intention des parties au moment de l'acquisition par Leroy des trois tableaux litigieux ; qu'il résulte des documents de la cause que le motif déterminant de la résolution de Leroy se trouvait dans la signature des maîtres ; que ce fait ressort notamment du soin avec lequel il a vérifié avant de traiter la notoriété des artistes dont s'agit dans divers catalogues que Robeau lui avait prêtés, et de la joie qu'il a manifestée après l'achat ; que si une autre préoccupation que la considération de ces maîtres avait guidé Leroy, il n'aurait pas manqué de revendre l'une des œuvres sus-mentionnées au double du prix qu'il en avait payé, proposition que Robeau lui-même déclare avoir vainement été faite à Leroy.

« Attendu que les parties sont d'accord pour reconnaître que les trois tableaux vendus par Robeau à Leroy ne sont pas de la main de Courbet, Bouguereau et Heilbuth ; que Robeau allègue qu'il n'a jamais garanti à Leroy que les trois tableaux fussent l'œuvre de ces peintres ; attendu que sur ce point, la signature seule du maître apposée sur les trois tableaux constitue un certificat d'origine et une garantie de droit qui engage directement la responsabilité du vendeur, à défaut de réserves contraires ; qu'à cet égard la quittance qu'avait laissée entre les mains de Robeau son précédent vendeur était une indication qui aurait dû tenir en éveil la prudence du défendeur, puisqu'elle porte expressément : « Sans aucune garantie que ces tableaux ont été peints par ces maîtres » ; qu'il y a lieu de remarquer que la quittance délivrée à Leroy par Robeau est du même conteste, sauf les stipulations de non garantie ci-dessus rapportées ; que le seul silence de Robeau engage sa responsabilité sans qu'il soit besoin de rechercher si l'offre en preuve de dol alléguée par Leroy est ou non fondée. »

Le 22 juin 1883, la Cour de Douai confirma ce jugement.

Formulons cependant une réserve sur l'importance attribuée par le jugement d'Hazebrouck à la circonstance que le tableau vendu était non signé. Les juges devront seulement admettre plus facilement l'erreur quand il y aura signature, parce que, dans ce cas, l'erreur sera évidente et pour ainsi dire prouvée d'elle-même, tandis que dans le cas contraire elle sera plus difficile à prouver.

La doctrine que la jurisprudence avait admise en matière d'authenticité d'attribution et d'antiquités, ne tarda pas à être formulée en ce qui concerne l'état des gravures.

On sait qu'on appelle premier état d'une gravure l'édition *princeps* de cette gravure. Elle a pour l'amateur un attrait et un prix tout spéciaux, parce que, à certains détails, on peut pour ainsi dire suivre à la trace la pensée créatrice, et que la planche étant toute neuve et aucun des traits n'étant émoussé, les premières épreuves se rapprochent davantage de la perfection (1).

M. Charles Waltner, graveur, avait acheté à MM. Boudois et Cie quatre eaux-fortes de Rembrandt, parmi lesquelles la *Pièce aux cent florins*, au prix de 3.000 fr. L'acquéreur se refusa à solder le prix, en soutenant qu'il avait entendu acheter la *Pièce aux cent florins* en premier état, tandis que la gravure n'était que du second état, et il demanda la nullité de la vente pour erreur sur la substance de la chose vendue. L'avocat de M. Boudois soutint qu'il ne s'agissait plus ici de la substance proprement dite, puisque l'œuvre était incontestablement

---

1. Conclusions du ministère public dans l'affaire Waltner.

de Rembrandt, mais d'une des qualités de cette substance. Il exposa qu'une estampe du premier état pouvait valoir jusqu'à 100.000 fr., et qu'une gravure du second état ne valait que de 3.000 à 5.000 fr. Il la considérait comme un corps certain qui avait été vendu sans qu'il fût question d'état. M. Waltner, prix de Rome, artiste distingué, peintre en renom et jouissant d'une grande fortune, avait regardé à la loupe pendant près de deux heures les gravures qu'on lui présentait, et il avait choisi la *Pièce aux cent florins* pour la somme de 3.000 fr., dans laquelle furent comprises trois autres petites gravures. Une circonstance de fait venait à l'appui de la thèse de M. Boudois. Après l'achat, M. Waltner, sans parler d'erreur, écrivait : « Je me suis laissé allé à lui en prendre sans trop réfléchir ; mais je me suis renseigné et j'ai appris qu'elles sont bien au-dessous du prix qu'il demande. Je me suis donc décidé à ne pas les prendre. » M. Waltner, en disant cette phrase : « Je me suis laissé aller à lui en prendre », laissait implicitement à entendre qu'il ne s'était pas trompé sur la substance. La partie défenderesse pouvait dire avec raison avec Pothier : « Qu'importe la valeur du drap, si c'est bien là l'étoffe que vous avez achetée ! »

Il est vrai que la gravure était fixée à sa partie supérieure sur une grande feuille de papier, espèce de passe-partout au bas duquel se trouvaient deux lignes d'écriture en russe précédées de ces mots écrits à la main : « Premier état, très rare. » Et c'est sur ces mots que s'appuyait la défense de M. Waltner.

Mais un ouvrage récemment paru de M. Dutuit sur l'œuvre de Rembrandt, expliquait qu'il existait neuf épreuves du premier état de la *Pièce aux cent florins*, et indiquait où se trouvaient ces neuf épreuves. M. Waltner connaissait cet ouvrage et n'ignorait pas quel prix ces épreuves avaient été payées, et quelle différence de valeur séparait les épreuves des deux états. Le tribunal, conformément aux conclusions du ministère public, débouta M. Waltner de son action (30 *janvier* 1884. *Droit*, 1884, n° 33). Cette décision fut confirmée par la Cour le 15 novembre 1884 (*Droit*, 1884, n° 281 ; *Gaz. du Pal.*, 1884, 1, *suppl.*, p. 11).

Il est utile de remarquer que le jugement ne se prononça pas catégoriquement sur la question de savoir si l'achat d'un second état au lieu d'un premier, constituait ou non une erreur sur la substance. Notre doctrine nous conduit à répondre affirmativement, et nous pensons que le tribunal aurait jugé dans ce sens si l'acheteur au lieu d'être un homme expérimenté avait été un amateur ignorant.

Une espèce jugée par la Cour de Paris fournit un nouveau point d'appui à la thèse que nous soutenons, et que le tribunal et la Cour poussèrent même jusqu'à ses dernières limites.

Cette espèce est d'autant plus curieuse qu'elle donna lieu à deux instances distinctes, et qu'alors que la vente la plus récente fut annulée, la vente précédente du même objet fut maintenue.

En 1873 Mme Bernage dite Mme Boiss, marchande de curiosités, avait acheté pour le prix de 12.000 francs au conservateur du musée d'antiquités de Rouen, M. du Boullay un groupe de Clodion représentant un satyre et une nymphe, groupe que le musée avait acquis de M. Denière. S'étant aperçue que la signature avait été apposée plus tard, et ne faisait pas corps avec le groupe, elle assigna son vendeur en nullité de la vente, et celui-ci appela en cause M. Denière.

Le tribunal admit que dans l'espèce il pouvait y avoir erreur sur la substance, et nomma des experts par un jugement interlocutoire qui fut confirmé en appel le 18 avril 1882. Puis le 19 janvier 1884, le tribunal déclara résiliée la vente, tout en reconnaissant que l'expertise n'établissait pas d'une façon certaine que le groupe n'émanât pas de Clodion, mais en constatant que l'authenticité était incertaine. La qualité essentielle de l'objet vendu qui déterminait le consentement réciproque des parties faisait défaut, et M. Denière qui avait vendu la terre cuite à M. du Boullay fut condamné (*Droit*, 1884, n° 17).

Comme nous l'avons dit, ce jugement mérite particulièrement d'être signalé. puisqu'il n'était pas absolument prouvé que Clodion ne fût pas l'auteur de ce groupe, et que le tribunal jugeait que l'incertitude de l'authenticité constituait une erreur sur la substance. Nous hésiterions à aller jusque là dans des cas où cette incertitude ne serait pas corroborée par une exagération du prix.

Saisi à son tour de l'affaire, le tribunal de Troyes ne jugea pas de la même manière que le tribunal de la Seine, mais la question se posait d'une manière toute différente. M. Denière tenait ce groupe d'un M. Madin, qui le lui avait confié, en le priant de le vendre pour le prix minimum de 2.600 francs.

Voici l'analyse du jugement de Troyes : « L'annulation d'un contrat concernant un objet d'art peut être prononcée dans le cas où la désignation de l'auteur est fausse ou inexacte. Quand la cession a eu principalement en vue tel objet émanant bien certainement d'un statuaire, d'un peintre, on est amené à considérer qu'il y a de la part du vendeur garantie de sincérité, promesse d'exactitude. Si la condition déterminante qui a motivé la vente disparait, l'accord des parties se trouve en réalité avoir été faussé, avoir porté sur autre chose que l'œuvre d'art qui a donné lieu à un contrat de vente et d'achat. »

« Quand au contraire, les intéressés n'ont été guidés que par l'identité antérieure de l'œuvre livrée, ils ne pourraient invoquer une lésion quelconque, puisque ce mode d'annulation n'existe pas pour les ventes d'objets mobiliers, et ils ne sauraient se prévaloir de certains détails d'apparence trompeuse par suite desquels ils auraient été induits en erreur. »

M. Denière, ajoutait le tribunal, « ne pouvait s'appuyer pour le succès de sa prétention sur les termes de la quit-

tance, ni sur le chiffre du prix de vente, car la désignation dans la facture s'expliquait tout naturellement par
ce fait que l'objet vendu portait la signature de Clodion,
et ne prouvait pas que M. Madin ait eu la pensée de se
porter garant de la sincérité d'origine du groupe en question. D'autre part M. Denière n'offrait pas de prouver que
le groupe ne fût pas de Clodion. L'appréciation des experts commis par le tribunal de la Seine lors du premier
procès, n'affirmait pas d'une manière absolue que le
groupe ne fût pas de Clodion ; le fragment portant la signature avait bien été rapporté après coup, mais il n'en
résultait pas que le groupe ne fut pas l'œuvre du maître. »
Il fut donc jugé que l'erreur sur la substance n'était pas
prouvée (*Droit*, 1887, n° 86).

C'est donc uniquement de la question de preuve que
le tribunal de Troyes s'était préoccupé sans trancher le
point véritablement délicat: l'authenticité de l'attribution
fait-elle ou non partie de la substance, et l'erreur sur ce
point vicie-t elle ou non le contrat? Nous savons que le
tribunal de la Seine a été jusqu'à comprendre dans la substance la certitude de cette authenticité.

C'est au contraire la question de savoir si l'authenticité des tableaux fait partie de la substance, que
la Cour de Paris a résolue dans l'espèce suivante :
M. Gilly avait acheté pour le prix de 1.000 francs à
M. Legay, marchand d'antiquités, deux tableaux comme
étant de Fragonard et de Coypel, ainsi que le constatait
la facture. M. Gilly soupçonnant plus tard que les dési-

gnations étaient fausses, assigna en nullité de la vente
M. Legay, qui soutint avoir vendu sans garantie. Le
tribunal de commerce de Reims admit en effet, qu'en raison des circonstances de fait, M. Legay avait vendu sans
garantie. Mais comme d'autre part ces tableaux avaient
été vendus comme étant de Fragonard et Coypel, et que la
facture en faisait foi, le tribunal nomma un expert, M. G.
Petit, et la Cour confirma le jugement ordonnant l'expertise (5 décembre 1885). (*Droit*, 1886, n° 145).

Les espèces que nous avons déjà citées nous prouvent
que l'époque et l'antiquité pour les curiosités aussi
bien que l'authenticité pour les tableaux, sont considérées aujourd'hui comme des qualités substantielles, comme
la substance même, quand c'est cette authenticité, cette
antiquité, qu'on a eues en vue, et depuis quelques années
nous ne rencontrons plus de divergences à cet égard dans
les décisions de la magistrature.

Nous passerons brièvement en revue les espèces les
plus récentes. Nous en trouvons d'abord une qui admet
comme substantiel le fait que l'objet est ou non « Renaissance ». Un M. Lévy avait acheté un vase d'argent
de la Renaissance qu'il avait payé 15000 francs. S'aper-
cevant qu'il était de fabrication moderne, il poursuivit
son vendeur. Celui-ci allégua que si le vase n'était pas
ancien, l'argent du moins était ancien. Mais l'intention de
l'acheteur était évidente ; il n'avait pas voulu acheter un
vase en argent ancien, mais un vase de l'époque de la
Renaissance, et il argua pour le prouver de ce que dans

le pied était vissée une médaille représentant un personnage en costume du temps avec le millésime 1580 et le monogramme d'un célèbre orfèvre de cette époque. Le vendeur finit par reconnaître que l'écrin n'avait que trente années de date. Le tribunal admit la nullité (13 août 1887 ; *Droit*, 1887, nº 252). Ce n'est pas en effet le style de l'époque qui constitue dans notre cas la substance (1).

Voici encore une application de ce principe dans une espèce particulièrement intéressante et qui a eu un grand retentissement : M. Perdreau avait acheté à MM. Boislève et Franck une table Louis XIV en bois sculpté et doré moyennant le prix de 30,000 fr. Le véritable vendeur était M. Veil-Picard, banquier ; les marchands n'étaient que des intermédiaires. Ayant appris que cette table était de fabrication moderne, l'acquéreur demanda la nullité de la vente devant le tribunal de commerce de la Seine.

---

1. 1º Le tribunal d'Agen prononça un jugement dans le même sens le 30 août 1883 (*Sir.* 1883, 2, 65). Il s'agissait d'un baromètre et d'une horloge vendus 30.000 francs, par M. Thévenins de Roland à M. André, marchand de curiosités. La Cour prononça bien un arrêt en sens contraire, le 30 avril 1884, mais les considérants de cet arrêt confirment notre règle. M. Thévenins de Roland, changeant de système, était parvenu à prouver que la garantie avait été exclue. Le serment prêté par M. Thévenins de Roland donna lieu à un pourvoi qui fut rejeté (*Gaz. des Trib.* 1er juin 1884 ; *Gaz. du Pal.*, 1885, 1, suppl., p. 61 ; *Sir.* 1887, 1, 153 ; *Dalloz*, 1887, 1. 105).

2º Même décision pour une paire de girandoles Louis XIV en argent faussement garanties originales dans toutes leurs parties (*Affaire Berlino contre Poulet*, 27 juin 1889 ; *Sir.* 1890, 2, 133 ; *Droit* 1890, nº 92).

3º Autre exemple : Affaire Descamps contre Marmiche. Une cafetière avait été improprement qualifiée « cafetière Louis XVI ancienne ». Le tribunal de Bordeaux prononça la nullité de la vente le 7 janvier 1890 (*Gaz. du Pal.* 1890, 2, 19).

Avant faire droit le tribunal nomma un expert qui déclara que le meuble était de date récente (1). Sur le rapport de l'expert, le 21 janvier 1890, le tribunal annula la vente vis-à-vis de MM. Franck et Boislève seulement, considérant qu'ils avaient été vendeurs directs, puisqu'ils n'avaient point révélé le nom de M. Veil-Picard, et que cela ressortait de leur facture. Mais il se déclara incompétent pour juger leur recours contre M. Veil-Picard qui prétendait n'avoir pas fait acte de commerce.

Le tribunal civil saisi à son tour admit le recours contre M. Veil-Picard, mais sans dommages-intérêts, attendu qu'on n'offrait pas de faire la preuve des manœuvres alléguées (*Gaz. du Pal.*, 1890, 1, 251). Notons que le jugement reconnaissait que les mots « table Louis XIV Régence » qui figurent seuls sur la facture se différenciaient essentiellement des mots « table style Louis XIV ou style Régence » qui n'auraient pas d'après lui entraîné la nullité.

1. L'expert expliquait que la dorure était défraîchie d'une façon trop régulière, que les intérieurs qui paraissaient en bois plein n'étaient que des placages faits avec des sciages de vieux bois, et que l'on avait appliqués sur le bois plein formant la structure de la table ; de telle sorte que l'ensemble eût tout à fait l'apparence de bois ancien exposé depuis longtemps à l'air, moyen des plus ingénieux pour mettre en défaut la perspicacité des amateurs de meubles anciens, mais indice des plus caractéristiques de l'intention de tromper. Le procédé consistant à employer du bois vermoulu, à imiter la piqûre des vers, à plaquer sur le bois neuf de minces couches de bois poudreux, constituait à juste titre aux yeux de l'expert une manœuvre dolosive.

Cette table qui au dire de M. Veil Picard, provenait d'un château de Franche-Comté avait été fabriquée récemment à Paris sous la direction de M. André pour le compte de Veil Picard.

La Cour de Paris confirma le jugement par arrêt du 25 juin 1891, mais en faisant des réserves sur l'acception des mots « table Louis XIV », qui d'après elle, ne signifient pas nécessairement table de l'époque de Louis XIV. Tout dépendait donc des circonstances de fait (1) (*Droit*, 1891, n° 154).

Terminons par deux espèces toutes récentes où la jurisprudence ne s'est en réalité aucunement écartée de notre doctrine : l'affaire du collier de Mlle Léonide Leblanc et celle du Rembrandt du Pecq.

Le collier de Mlle Léonide Leblanc, composé de quatre rangs de perles blanches d'Orient pesant 3,300 grains, non compris le poids de l'enfilage, avait été acheté par M. Bloch, marchand de diamants, pour le prix de 180,000 fr. Il croyait acheter un collier célèbre qu'avait porté Mlle Léonide Leblanc, et qui avait coûté 500,000 fr. Mais ce dernier avait été vendu en 1888, tandis que celui dont M. Bloch s'était rendu acquéreur était d'une moindre valeur et sans histoire. Aussi refusa-t-il d'en prendre livraison. Le tribunal de commerce qui jugea l'affaire, constata que nulle part dans le catalogue, le collier n'était désigné comme étant le fameux collier de Mlle Léonide Le-

---

1. C'est ainsi que le tribunal de la Seine écarta l'erreur sur la substance dans l'espèce suivante: M. Comment avait acheté à M. Zwiener un meuble d'occasion, *style* Louis XVI, pour le prix de 3.400 francs. Croyant reconnaître que les bronzes n'étaient que des moulages en cuivre obtenus par la galvanoplastie, il assigna son vendeur en résolution du contrat pour cause d'erreur sur la substance. Le tribunal reconnut avec le défendeur que les ornements ne constituaient qu'un accessoire du meuble (*5 février 1889* ; *Droit 1889, n° 4*).

blanc, et que rien ne prouvait que M. Bloch eût entendu acheter ce collier. D'ailleurs, Mlle Léonide Leblanc ayant consenti à reprendre le collier, M. Bloch fut seulement condamné à lui payer 25,000 fr. de dommages-intérêts, comme réparation du discrédit que son refus de prendre livraison lui avait causé. On ne pouvait juger autrement, étant donnée la désignation du collier acheté, qui ne prêtait pas à erreur.

Dans l'affaire du Rembrandt du Pecq, nous ne pouvons également qu'approuver la jurisprudence.

M. Bourgeois, marchand de tableaux, achetait après le décès de Mme Legrand, pour le prix de 3,700 fr., un tableau désigné primitivement ainsi : « Agneau pascal », toile attribuée à Rembrandt, puis lors de la vente « Jésus et les disciples d'Emmaus », par Arnold Guelder. En fait ce tableau portait la signature du grand maître hollandais.

M. Bernard, légataire universel de Mme Legrand, intenta une action en rescision contre l'acquéreur, et une demande en dommages-intérêts contre M. Haian, greffier, qui avait fait fonctions de commissaire-priseur, et contre l'expert M. Gaudoin. Le ministère public émit l'avis que l'expert aurait dû savoir que ce tableau était dans le style de Rembrandt, portant la signature du maître. Quant à la nullité du contrat, il se rangea à l'opinion de M. Larombière.

Le tribunal constata dans son jugement que M. Bernard connaissait de longue date le tableau et sa signature, qu'il était au courant de l'attribution que certaines personnes en avaient faite à Rembrandt, et que c'est à raison de cette circonstance qu'il avait fait procéder d'une manière exceptionnelle à la prisée du tableau, puis à la mise en vente ; qu'en réalité il n'y avait pas eu erreur de sa part, que la nullité ne pouvait donc être prononcée. En ce qui concerne M. Gaudoin, le tribunal nomma des experts pour rechercher si ses fautes avaient causé un préjudice pécuniaire au vendeur, et pour se rendre compte de l'étendue du préjudice (*Droit*, 1890, n° 121). Le soin pris par le tribunal pour préciser les circonstances de fait, établissait qu'il n'y avait pas eu erreur, et confirme notre théorie juridique. Si le vendeur avait donc ignoré qu'il vendait un tableau attribué à Rembrandt, la vente aurait dû être annulée. Cette circonstance est d'autant plus digne de remarque que c'est la seule espèce parmi celles que nous avons trouvées, où l'erreur sur la substance basée sur l'attribution d'origine d'un objet d'art est alléguée non par l'acquéreur, mais par le vendeur (1).

La jurisprudence des nations voisines est conforme à

1. Dans une espèce célèbre, c'est l'auteur du tableau attribué à un maître qui saisit les tribunaux de la question. Nous voulons parler du Corot acheté par M. Alexandre Dumas à M. P. Petit qui le tenait de MM. Tedesco frères. M. Trouillebert le reconnut pour son œuvre, et comme MM. Tedesco a qui le faux Corot avait été rendu, l'avaient laissé exposé dans leurs magasins, il les assigna devant le juge des référés pour demander la mise sous séquestre du tableau jusqu'à l'expertise qui fut accordée par ordonnance de référés du 10 juillet 1883 (*Droit 1883, n° 164*).

nos principes. C'est ainsi qu'un jugement du tribunal de Birmingham (*Autorité* du 16 janvier 1892) condamna l'expert présidant à une vente publique de tableaux, à la restitution du prix de vingt-neuf livres sterlings payé par M. Wellington Wood pour trois tableaux vendus comme étant les œuvres de Guido, de Rubens et de Salvator Rosa, dont l'un était seulement décalqué et les autres manifestement faux. Le Salvator Rosa portait une date postérieure à la mort du maître. La demande de M. Wood tendant à l'allocation de dommages-intérêts supplémentaires, fut rejetée par ce motif que seul un lunatique pouvait prétendre à l'acquisition aux enchères publiques d'un Rubens authentique moyennant la somme dérisoire de dix guinées.

Cette décision est évidemment conforme à nos principes, mais le refus de dommages-intérêts était dans l'espèce une application du principe romain : *nec stultis solere sucurri, sed errantibus* (Paul, l. 9, § 5, Dig., *de jur et facti ign.*). En thèse générale nous repoussons toute distinction entre l'erreur excusable et celle qui ne l'est pas. Le Code n'a pas fait cette distinction. Vouloir que l'erreur soit sans remède à l'égard de personnes moins intelligentes, moins attentives ou instruites que d'autres, aboutirait à priver du secours de la loi ceux qui en ont le plus besoin. Et dans les contrats en matière d'objets d'art plus que dans tous autres, l'erreur si grande qu'elle soit, est d'autant plus excusable que l'incertitude est plus grande. Mais cette théorie doit se restreindre à l'action en nullité. En matière de dommages-intérêts basés sur l'article 1382, il est certain que la faute d'autrui diminue en proportion de ce qu'on est en faute soi-même.

Nous avons terminé notre exposé un peu long de la jurisprudence en matière d'objets d'art. Nous avons vu que les décisions des tribunaux sont à présent pour la plupart conformes à notre théorie, et c'est parce que les principes n'ont pas toujours été nettement dégagés, que nous trouvons encore des décisions en apparence contradictoires. Comme nous l'avons dit, la jurisprudence a d'abord subi l'influence des doctrines contraires. Celle d'Aubry et Rau, de M. Larombière s'était exercée sur le corps judiciaire dont ils faisaient partie. Aujourd'hui qu'elle paraît fixée dans le sens de la doctrine que nous avons soutenue, elle est parfois influencée par les faits qui prêtent souvent à des appréciations diverses. Les circonstances dépendent de l'intention des parties, et, par le fait même, elles sont différentes suivant les espèces.

Le rôle du tribunal en matière d'objets d'art sera donc de rechercher si en fait, étant donnée l'intention des parties, l'erreur a porté sur une qualité substantielle. Les tableaux et œuvres d'art ne sont généralement vendus, à l'hôtel des Ventes du moins, qu'avec le concours d'experts qui énoncent les attributions. Quand il en est ainsi, n'est-il pas certain que le vendeur et l'acheteur ont entendu vendre et acheter l'œuvre du maître désigné par l'expert. L'origine de l'œuvre, l'antiquité et le nom de l'auteur indiqués par expert sont dans ce cas une qualité substantielle.

Les règles que nous avons posées ne sont d'ailleurs pas absolues. En supposant qu'il n'y ait aucun nom d'auteur sur un tableau, la circonstance que le prix peut paraître exagéré, n'empêchera pas la validité du contrat. La vente d'un tableau faite de bonne foi sans qu'il soit question de garantie et sur la simple supposition que ce tableau pourrait être l'œuvre originale de tel peintre, ne devrait pas être annulée. Il n'y aurait pas non plus lieu à une diminution du prix fixé, même en recourant à une estimation par experts. C'est que dans bien des cas les parties ont entendu passer une sorte de contrat aléatoire qui ne peut être ni annulé ni modifié. Mais encore faut-il que l'intention des parties d'avoir couru la chance d'une affaire plus ou moins bonne, selon que l'œuvre est ou non authentique, soit établie par le fait de la cause (1).

Quand, par exemple, un marchand en vendant un Rubens, affirme qu'il ne peut en garantir l'authenticité, les

1. C'est ce qui se présentait dans l'espèce suivante : M. Wuyts avait acheté à M. Neumans un tableau attribué à Hobbéma, moyennant 500 francs en argent, cinq autres tableaux et l'engagement de livrer une pièce de vin de Bordeaux. Le vin ne fut pas livré et le tribunal d'Angers, saisi de la demande en paiement, décida que des experts examineraient le tableau vendu et les cinq autres donnés en échange. La Cour réforma ce jugement, « attendu qu'il résultait des conclusions prises par l'intimé devant le premier juge, qu'il n'y avait pas de *certitude entre les parties quant au véritable auteur du tableau*, et qu'un marché de cette nature avait nécessairement un caractère aléatoire ne permettant pas de modifier le prix librement convenu entre les parties et de le subordonner à une estimation à dire d'experts ».

juges décideront qu'il y a en réalité contrat aléatoire. D'ailleurs, il résultera généralement de ce fait que le prix demandé sera beaucoup moindre. Au surplus, ce n'est là qu'une question de preuve. En pratique, les conventions en matière d'objets d'art sont souvent écrites, et les termes même de l'écrit forment la plupart du temps la base du jugement. Si les termes ne prouvent rien, c'est qu'alors nous rentrons dans la pure question de fait. C'est ce qui ressort des nombreux exemples de jurisprudence que nous avons donnés.

QUATRIÈME PARTIE

Sanctions des sanctions de l'erreur.

Nous avons établi les règles qui gouvernent les diverses sortes d'erreur, il nous reste à indiquer les sanctions qui en garantissent l'application. Ces sanctions nous les trouvons dans l'action en nullité donnée à la partie induite en erreur, quand cette erreur rend seulement le contrat annulable, dans l'action en dommages-intérêts, dans l'action de dol et dans plusieurs actions pénales.

Quand le contrat est radicalement nul, ou mieux, inexistant, la partie qui a été victime de l'erreur, trouve dans cette inexistence même le remède le plus efficace à sa situation. En effet, si elle n'a pas exécuté le contrat, elle n'a qu'à attendre et à refuser toute exécution. Si elle l'a exécuté, ce qui arrivera souvent, ce n'est pas une action en nullité qu'elle intentera, puisque le contrat est inexistant, mais elle exercera la répétition de l'indu. Nous n'insistons pas sur cette hypothèse.

Les expertises ont une grande importance dans les questions d'art, et exercent une réelle influence sur les décisions des juges, aussi établirons-nous dans un chapitre spécial les règles qui les régissent.

CHAPITRE 1

De l'action en nullité et de la prescription de cette action.

L'erreur rendant le contrat annulable, il faut donc un jugement pour mettre à néant le contrat entaché d'erreur. Dans notre ancien droit, on distinguait entre les actions en nullité et les actions en rescision, et le projet du Code reproduisait cette distinction. Mais dans la rédaction définitive, elle ne fut pas admise, et nous croirions nous écarter de notre sujet, si nous insistions sur ce point.

L'action en nullité a pour résultat de mettre les parties dans l'état où elles se trouvaient avant de contracter. Les contractants se restituent les prestations qu'ils se sont faites réciproquement, le vendeur rend l'argent, l'acheteur l'objet vendu. Disons cependant de suite que dans le cas où l'acheteur aurait fait des dépenses nécessaires ou utiles, le vendeur serait obligé de lui en tenir compte suivant la théorie générale. Il y aura également des comptes d'intérêts à régler pour le vendeur, à moins que l'objet acheté n'ait procuré des avantages correspondant à la valeur des intérêts de la somme payée. On sait en effet que l'acheteur doit de plein droit les intérêts du prix si la chose est frugifère (*art.* 1652). Cela arriverait par exemple si l'acheteur d'un objet d'art l'avait exhibée en public moyennant paiement.

L'action en nullité de l'article 1304 n'étant que relative, n'appartient pas d'une manière générale à toute personne intéressée. Elle est donnée aux parties, à leurs créanciers et à leurs héritiers. Quant aux conséquences de l'erreur, elles sont opposables aux tiers, et on appliquera la règle générale : *resoluto jure dantis, resolvitur jus accipientis.* Rappelons le texte de cet article : « Dans tous les cas où l'action en nullité ou en rescision d'une convention n'est pas limitée à un moindre temps par une loi particulière, cette action dure dix ans. Ce temps ne court dans le cas d'erreur (ou de dol) que du jour où ils ont été découverts ». L'action en nullité pour produire son effet doit être intentée dans les dix ans de la découverte de l'erreur. Il y a là deux différences avec les principes ordinaires de la prescription, car il s'agit d'une péremption plutôt que d'une prescription proprement dite. La durée normale des actions réelles ou personnelles est de trente ans. En matière de rescision au contraire, le délai le plus long n'est que de dix ans. C'est dans un but d'intérêt général, pour ne pas laisser trop longtemps incertaines des conventions imparfaites, que le législateur a cru devoir diminuer le délai ordinaire de la prescription. La seconde dérogation consiste dans le point de départ de la prescription. La prescription ordinaire court du jour où a été passé l'acte, en d'autres termes, l'action se prescrit à partir

du jour où elle est née. En notre matière au contraire.
l'action en nullité ne se prescrit qu'à partir du jour où
l'erreur a été découverte. Il en résulte que l'action en nullité sera donnée même après un délai de trente ans, s'il
ne s'est pas encore écoulé dix ans depuis la découverte de
l'erreur. Cette conséquence peut à première vue paraître en
opposition avec l'intention du législateur qui est de diminuer la durée ordinaire de la prescription, mais elle est
imposée par le texte même de l'article 1304. Elle dé-
coule d'ailleurs logiquement des règles que cet article a
posées. Malgré la différence qui sépare la prescription
de l'action en nullité des prescriptions ordinaires, elle n'a
pas une nature différente des autres prescriptions. Les
anciens auteurs ont toujours suivi cette opinion. Dunod a
bien dit : « La prescription est un moyen de s'affranchir...
des actions et des obligations lorsque celui à qui elles appartiennent, a négligé pendant un certain temps de s'en
servir et de les exercer » (*Prescriptions*, Ch. 1er au début).
Cette prescription sera donc interrompue ou suspendue
de la même manière que la prescription ordinaire. Rien
ne prouve en effet que les rédacteurs du Code se soient
écartés de l'ancienne doctrine. Inutile de dire que l'action qui sera éteinte par suite de la prescription ou plutôt de la péremption établie par l'article 1304, et qui équi-
vaudra à une sorte de ratification tacite, le sera d'autant
plus par une ratification expresse.

Nous avons supposé jusqu'à présent que la personne
induite en erreur intentait une action. Il pourrait arriver

aussi qu'elle usât d'une exception. Imaginons par exemple, que l'acheteur d'une œuvre de Corot soit entré en possession de son tableau avant de l'avoir payé, ce qui arrivera parfois. Avant de payer, il s'aperçoit que la signature est apocryphe, ou bien que le tableau non signé n'est pas de Corot, comme le vendeur le lui a affirmé. Il refusera de payer le prix convenu, et à l'action en paiement du prix intentée par le vendeur, il répondra par une exception et s'offrira à rendre le tableau. Au point de vue de la preuve, sa situation sera la même que s'il intentait une action en nullité, car il sera obligé de prouver son erreur ; *reus in excipiendo fit actor*. Mais sa situation sera-t-elle complètement la même, pourra-t-il opposer son exception pendant dix ans comme il peut pendant dix ans intenter l'action en nullité, ou bien bénéficiera-t-il de l'ancien adage romain ; *quæ temporalia sunt ad agendum, perpetua sunt ad excipiendum ?*

Cette question est vivement débattue et de nombreux auteurs parmi lesquels Aubry et Rau et Demolombe admettent que l'exception est perpétuelle. Le mot exception, disent-ils, ne se trouve pas dans le texte de l'article 1304, donc cet article ne s'applique pas aux exceptions. Il est vrai que l'article 1304 n'en parle pas, mais cette solution n'est-elle pas contraire à l'intention qu'avaient les rédacteurs de cet article ? La prescription de dix ans est une confirmation de l'acte vicié. Est-il admissible que celui qui a confirmé l'acte en s'abstenant d'intenter une action, puisse opposer l'exception de nullité ? Le législa-

teur aurait ainsi rendu indirectement l'action qu'il déclarait prescrite après dix ans. Il en était autrement en droit
romain, mais le motif qui avait fait établir une différence
entre l'action et l'exception en droit romain, n'existe plus
dans notre droit. Une personne dont le contrat est entaché d'erreur, a toujours le droit d'en demander la nullité
quoiqu'elle ne l'ait pas encore exécuté. Elle n'est pas
obligée d'attendre que son cocontractant lui ait demandé
l'exécution du contrat, elle peut prendre l'initiative; et
si elle ne le fait pas, son silence sera considéré comme
une ratification tacite; elle n'aura plus ni action ni exception. Telle est du moins l'opinion de Laurent : « Les adages,
dit-il, ont une force étrange.... ils survivent au droit qui
leur a donné naissance » bien qu'ils se trouvent par la suite
dépourvus de raison d'être. L'empire qu'exerce aujour-
d'hui encore cette maxime : *quæ temporalia sunt ad agendum, perpetua sunt ad excipiendum*, en est une preuve. Dix
ans se sont écoulés, l'action en nullité n'existe plus. Le
défendeur peut-il, après ce temps, opposer l'exception de
nullité, prétendant qu'elle est perpétuelle? Voilà la question. Laurent fait d'abord remarquer que cet adage est
« en opposition avec la théorie de la prescription décennale ». L'article 1304 confirme sa manière de voir : « Celui
qui ayant le droit de demander la nullité, reste dix ans
sans agir, renonce au droit qu'il avait ». L'obligation est
aussi valable que si elle avait été expressément confirmée.
« Conçoit-on alors, ajoute notre auteur, que celui
qui a confirmé l'acte en oppose la nullité »

même par voie d'exception ? Si on objecte que le mot exception n'est pas exprimé dans l'article 1304, Laurent répond : Il est aussi un vieil adage : *reus in excipiendo fit actor*. Celui qui oppose une exception est donc demandeur en nullité. Cela est parfaitement vrai ; et quand après dix ans, le défendeur oppose l'exception, il demande la nullité d'un acte annulable *ab initio*, devenu valable par la confirmation tacite. Nous sommes donc dans le texte de l'article 1304. Bien plus l'article 1234 « place la nullité ou la rescision parmi les modes d'extinction des obligations. Qu'est-ce à dire ? Que lorsque les dix ans donnés par la loi pour agir sont expirés, l'obligation est éteinte, c'est-à-dire que l'action en nullité est le mode que la loi a admis pour éteindre une obligation viciée. Cette action est limitée à dix ans ; quand elle n'est pas formée dans les dix ans, l'obligation n'est pas éteinte, et elle ne l'est pas dans le système du Code, parce qu'elle est confirmée. Donc il est impossible qu'après dix ans on invoque encore une exception de nullité pour éteindre une obligation qui ne peut plus être éteinte par voie de nullité » (Laurent, 19, n°s 57, 58). Ajoutons que cette opinion est partagée par Duranton (XII, p. 664, n° 549) ; Duvergier sur Toullier (IV, 1, p. 452, n° 1) ; Marcadé (IV, p. 657, n° 3, art. 1304) ; Mourlon (II, p. 788, n° 1493) ; Colmet de Santerre (VI, p. 501, n°s 265*bis*, VI et VII).

Quelles objections oppose-t-on à cette opinion ? C'est d'abord la tradition romaine. Nous l'écartons par une fin de non recevoir. Le droit romain n'avait pas organisé la prescription décennale, confirmation tacite équivalant à une confirmation expresse.

Nous savons qu'on a également dit : « Lorsque vous avez l'action, vous êtes le maître de l'exercer dès à présent, demain, aujourd'hui même si vous voulez ; on peut donc sans danger la renfermer dans un certain délai passé lequel, vous serez réputé l'avoir abandonnée si vous ne l'avez pas exercée. Il n'en est pas de même pour l'exception. Si votre adversaire n'intente contre vous aucune action, vous n'aurez aucun moyen de la faire valoir. Que serait-il donc arrivé si l'exception eût été temporaire ? Une grosse injustice » (Mourlon, *loc. cit.*). Laurent répond : « Nous croyons inutile d'entrer dans ce débat ; la tradition reconnue ne peut avoir d'autorité alors que les principes ont changé » (nº 59). Mourlon est aussi du même avis, bien qu'il montre le danger du système adopté par le Code. Ce danger existera dans le cas suivant : Un interdit contracte, il est ensuite relevé de son interdiction. Si le contrat n'a point été exécuté, rien ne lui en révèlera l'existence. S'il meurt, ses héritiers pourront parfaitement bien ignorer ce contrat. Si son adversaire n'en poursuit l'exécution qu'après dix ans, et que l'exception soit éteinte comme l'action en nullité, sa situation sera bien celle d'un incapable qui aura manqué de protection. Il pourra, il est vrai, opposer qu'il était complètement privé de raison au moment du contrat, et conclure en conséquence que celui-ci est inexistant, faute de consentement. Mais combien cette

preuve pourra être difficile à faire par l'ancien interdit !
Ne peut-on presque pas dire qu'elle sera à coup sûr impossible à ses héritiers ! Sans doute ; mais il n'y a là
qu'une excellente raison pour modifier la loi. Qu'elle
soit bien telle que nous l'avons dit, nous n'en voulons
d'autre preuve que celle-ci : l'ordonnance de Villers-Cot-
terets (1539) avait déjà rejeté la distinction romaine entre
l'action temporaire et l'action perpétuelle. Dumoulin trouvait, il est vrai, cette disposition inique, mais rien ne
prouve que les auteurs du Code ne l'aient pas suivie.
S'ils avaient voulu revenir à la règle traditionnelle du
droit romain, ils auraient dû le dire. Le rapporteur du
Tribunat s'est exprimé de manière à ne laisser aucun
doute sur notre question. « Lorsque, dit Jaubert, il s'a-
git d'un engagement contracté sans objet et sans cause,
ou pour une cause illicite, il est tout simple que celui qui
souscrit l'engagement n'ait pas besoin de recourir à la
justice pour se faire dégager — ou du moins à *quelque
époque qu'il soit poursuivi*, il soit toujours admis à répondre qu'il n'y a pas d'obligation. » — Voilà pour les actes
inexistants. La solution est nette ; le défendeur pourra
toujours repousser l'attaque.— Jaubert continue : « Lorsqu'il s'agit d'un mineur, d'une femme mariée, ne serait-
il pas bien extraordinaire que le temps de la restitution
ne fût pas limité ! Dans ce cas, on devait se borner à
dire que celui qui avait souscrit l'engagement pourrait
s'y soustraire. La nécessité d'un *délai* était commandée
par l'intérêt public pour que les propriétés ne restent

pas longtemps incertaines «... *un laps de temps sans réclamation doit faire présumer la ratification.* » Donc, celui qui laisse passer le délai de dix ans, approuve l'acte ; il n'est pas possible qu'après l'avoir approuvé, il en vienne opposer la nullité par voie d'exception. — Telle est la loi, la règle tracée au Code. Nous devons ajouter que l'opinion contraire est enseignée par Toullier (IV, I, p. 449, n° 600); Delvincourt (II, p. 184, note 7); Aubry et Rau (VI, 3ᵉ édition, p. 515, notes 1 à 6); Larombière (IV, p. 52, nᵒˢ 34 à 38); Demolombe (VI, nᵒˢ 136 et suiv.).

CHAPITRE II

**Autres actions qui peuvent être données en matière
d'objets d'art. — Recours pénal.**

Comme nous avons pu le remarquer dans certaines
contestations en matière d'objets d'art, une action en
dommages-intérêts se joint à l'action en nullité. Cette
action se fonde sur l'article 1382 du Code civil, qui
pose en principe que chacun doit réparer le dommage
causé par sa faute : « Tout fait quelconque de l'homme,
qui cause à autrui un dommage, oblige celui par la faute
duquel il est arrivé à le réparer. »

Les espèces que nous avons examinées ne nous ont pas
signalé de condamnation à des dommages-intérêts pour
simple faute. Cela tient à deux causes, croyons-nous.
D'abord le plus souvent les acheteurs d'objets d'art ne su-
bissent aucun préjudice réel quand ils sont induits en erreur par le vendeur. Ils ont, il est vrai, une déception qui
leur est souvent plus cruelle qu'une perte matérielle,
mais le législateur n'a pas à porter remède aux désillu-
sions. Nous n'en dirons pas autant des commerçants, des
antiquaires auxquels l'erreur peut causer un grave

préjudice. Un marchand qui vendra de bonne foi des objets modernes pour des objets antiques, pourra éprouver
une perte considérable dans l'exploitation de son commerce. Par suite de cette erreur son crédit se trouvera atteint ; et il sera juste que son vendeur à lui, que nous supposons en faute, répare le mal qu'il aura occasionné.
Une maison de vente qui vous livre des objets faux pour
des objets authentiques, fût-ce de bonne foi, verra sa
clientèle diminuée dans de fortes proportions. Mais, ne
perdons pas de vue que les marchands ont d'habitude
une expérience qui les met dans une certaine mesure à
l'abri des erreurs, et qui fait que les erreurs dont ils sont
victimes leur sont quelquefois imputables à eux-mêmes,
parce qu'ils n'ont pas examiné assez minutieusement les
objets qui leur étaient offerts. Il en est ainsi du moins
pour certains commerces spéciaux.

La seconde raison pour laquelle les condamnations à
des dommages-intérêts sont rares, consiste dans l'incertitude qui plane au-dessus de toutes les questions d'art.
Les juges ont de la peine à s'assurer de l'exacte intention
des parties, quand elle ne résulte pas d'un écrit ; ils sont
obligés de baser leur propre appréciation sur des rapports maintes fois problématiques d'experts. S'ils se dé-
cident à annuler un contrat, à remettre en quelque sorte
les choses en état, ils hésitent par contre beaucoup plus
à reconnaître une partie coupable de fautes ou même de
faits entraînant, aux termes de l'article 1382, des dommages-intérêts.

Dans ce que nous venons de dire, nous avons supposé que c'était la personne induite en erreur, acheteur ou vendeur, qui réclamait des dommages-intérêts. Mais nous savons que le vendeur non induit en erreur, peut lui aussi invoquer dans certaines circonstances l'art. 1382 ; du moins la plupart des auteurs lui donnent-ils ce droit. Ce fait se produira quand la négligence ou l'insouciance de l'acheteur aura porté préjudice au vendeur et que les magistrats, tout en reconnaissant l'erreur et en prononçant la nullité du contrat, auront trouvé l'acheteur suffisamment en faute pour le condamner à une réparation pécuniaire. Nous avons touché cette question plus haut en parlant du paragraphe 19 du traité des obligations de Pothier. C'est ainsi que le tribunal de Nancy ordonna que les dépens seraient compensés dans une espèce que nous avons citée (1).

Si l'on considère les rares espèces qui aient donné lieu à des dommages-intérêts, il est facile de se convaincre que la condamnation à des dommages-intérêts, a généralement sa source dans l'article 1116 invoqué concurremment par la partie demanderesse avec l'article 1110, (2) ou accessoirement à une condamnation pénale.

Quand les juges se trouvent en présence de manœuvres dolosives, ils hésitent moins à prononcer une condamnation à des dommages-intérêts qu'en présence de

1. Voy. *suprà,* p. 111.
2. Nous avons vu les différences qui séparent l'action de l'article 1110 et celle de l'article 1116, p. 81.

simples fautes, si préjudiciables qu'elles soient. Ce principe a été suivi par le tribunal de commerce de la Seine dans une espèce que nous avons déjà citée (1), relative à une vente de statuettes de zinc frauduleusement livrées pour des statuettes en bronze, espèce unique, dans laquelle une condamnation à des dommages-intérêts ait accompagné la condamnation civile.

A côté de l'action en nullité pour erreur sur la substance ou pour dol, à côté des dommages intérêts, l'acheteur induit en erreur peut avoir un recours pénal.

Ce recours pénal est donné par différents articles du Code pénal suivant les circonstances.

On appliquera quelquefois l'article 423. Nous transcrivons cet article : « Quiconque aura trompé l'acheteur sur le titre des matières d'or ou d'argent, sur la qualité d'une pierre fausse vendue pour fine, sur la nature de toutes marchandises ; quiconque, par usage de faux poids ou de fausses mesures, aura trompé sur la quantité des choses vendues, sera puni de l'emprisonnement pendant trois mois au moins, et un an au plus, et d'une amende qui ne pourra excéder le quart des restitutions et dommages-intérêts, ni être au-dessous de cinquante francs. — Les objets du délit, ou leur valeur, s'ils appartiennent encore au vendeur, seront confisqués... »

Nous relevons dans cet article trois peines différentes : la prison, l'amende et la confiscation.

1. Voy. *suprà* p. 116.

Pour que ces peines soient applicables en matière d'œuvres d'arts, il faudra que la tromperie du vendeur consiste dans une fausse indication du titre de l'or ou de l'argent, ou bien sur la qualité d'une pierre fausse vendue pour fine. Ces deux cas sont simples.

Il n'en est pas de même de la tromperie sur la nature de toutes marchandises ; car il s'agit de déterminer ce qu'il faut entendre par nature. Ce n'est évidemment pas la substance telle que nous l'avons définie, ce n'est pas non plus la simple qualité. En matière pénale, les textes doivent être interprétés dans toute leur rigueur restrictive, mais il ne faut pas exagérer les principes. Il suffit que l'objet vendu manque des qualités mêmes qu'il doit avoir d'après les affirmations du vendeur et dans la pensée de l'acheteur, pour atteindre le but auquel il est destiné. Dans ces conditions il est légitime de reconnaître que la tromperie porte en quelque sorte sur la nature même de l'objet plutôt que sur sa qualité, et tombe par conséquent sous l'application de l'article 423. (Voir Blanche, *Cod. pén.*, art. 423, n° 364).

L'action pénale de l'article 423 n'est pas la seule qui puisse être appliquée en matière d'objets d'art. Supposons que vous confiez à un ouvrier, dans le but de le réparer, un objet d'art, un vieux meuble, et que celui-ci, abusant du dépôt qui lui a été confié, en fasse des copies ; vous vous trouverez en présence d'un abus de confiance, prévu par l'article 408 du C. p. La sanction de cet article se trouve dans l'article 406 qui punit le coupable d'un emprisonnement de deux mois au moins et deux ans au plus, et d'une amende ne pouvant excéder le quart des restitutions et dommages-intérêts dus à la partie lésée, ni être moindre de vingt-cinq francs. C'est ainsi que le baron Pichon avait confié une salière ancienne en argent à un nommé Thorel pour la réparer, et que l'ouvrier peu scrupuleux profita de l'occasion pour en faire plusieurs imitations. La poursuite du baron Pichon ne fut pas admise en première instance, mais la Cour lui donna raison. Elle reconnut qu'il y avait abus de confiance dans le fait de reproduire clandestinement un objet d'art confié pour être réparé, bien qu'en fait cette salière fût dans le domaine public, au point de vue des droits d'auteur (Voy. Pataille, 1855, 81). Cette solution devra être admise dans toute sa rigueur, chaque fois que les circonstances établiront d'une manière certaine que le propriétaire d'un objet confié a un intérêt légitime à ce qu'il n'en soit pas fait de reproduction.

Les articles 423 et 408 du Code pénal sont rarement appliqués dans les matières qui nous occupent. Il n'en est pas de même de l'article 405, réprimant l'escroquerie qui accompagne si souvent les transactions en matière d'objets d'art. Cette disposition est d'autant plus précieuse, que la sanction en est fort sévère. La peine consiste en effet dans un emprisonnement d'un an au moins et de cinq ans au plus, et une amende de cinquante à trois mille francs, indépendamment des dommages-intérêts qui peuvent s'y joindre. Nous citons quelques espèces qui ont donné aux tribunaux l'occasion d'appliquer l'art, 405.

Voici d'abord une décision du tribunal de Saint-Omer (7 avril 1846). Les nommés R..., père et fils, s'étaient liés par des rapports quotidiens avec un M. H... et avaient entretenu en lui la manie des tableaux. Ils lui firent croire à une spéculation avantageuse de tableaux antiques, et l'amenèrent par leurs manœuvres à payer 46,000 fr. des tableaux que les experts évaluèrent plus tard à 1,200 fr. Le tribunal prononça les peines de l'escroquerie et la Cour de Douai confirma ce jugement (5 mai 1846, Sir. 1846, 2, 502).

Le tribunal correctionnel de la Seine condamna également en 1858 à quinze mois de prison et 1,000 fr. d'amende un individu qui avait vendu 17,000 fr. au baron de Rothschild des émaux de fabrication récente, donnés pour anciens. Ces émaux avaient fait le voyage de Paris à Arles dans le même train que l'expert chargé par M. de Rothschild d'aller faire cette merveilleuse trouvaille.

Les tribunaux étrangers se montrent très sévères en ces matières :

En 1855 la Cour de Bruxelles condamna à plusieurs mois d'emprisonnement un marchand qui prétendit faussement avoir retrouvé un diptyque de l'ancienne cathédrale de Liège, disparu à l'époque de la Révolution, et qui le vendit pour 20,000 fr. au directeur du musée de Bruxelles (1).

1. Voy. Eudel.

Les tribunaux viennois, plus sévères encore, condamnèrent à cinq ans de forteresse un nommé Werninger, qui avait reproduit en cachette un autel en or couvert de plaques d'émail qu'il était chargé de réparer, et l avait vendu par l'entremise d'un Anglais à un baron de Rothschild de Vienne pour la somme d'un million. Dans cette espèce, un abus de confiance se joignait à l'escroquerie (1).

Nous citons pour terminer, l'affaire Vrain-Lucas qui eut un si grand retentissement il y a une vingtaine d'années. Vrain-Lucas abusant de la crédulité de M. Michel Chasles, l'un des premiers géomètres du monde et collectionneur très passionné de manuscrits, lui vendit de faux manuscrits pour des sommes fort importantes (2). Le tribunal correctionnel de la Seine le condamna le 16 février 1869 pour faux et escroquerie à deux ans de prison et cinq cents francs d'amende.

Nous avons passé en revue les diverses actions tant civiles que pénales que peuvent invoquer les parties contractantes en matière d'objets d'art.

Indépendamment de ces actions, nous pourrions en

---

1. Voy. Eudel, (Ch. des Emaux).

2. Dans le nombre, se trouvaient, une correspondance de Blaise-Pascal montrant qu'il avait découvert les lois de la gravitation universelle toujours attribuées à Newton, une lettre d'Alexandre conseillant à Aristote d'aller faire un voyage dans les Gaules pour y étudier la religion druidique, une autre de Cléopâtre écrite en français à Jules César ; une troisième de Marie-Madeleine à Lazare 197 lettres de Charlemagne, toute la correspondance de l'antiquité en un mot, que M. Chasles avait payée 140.000 francs.

énumérer d'autres qui ont spécialement pour but de protéger une catégorie de personnes plus intéressées que d'autres encore, à ce qu'il n'y ait pas de contrefaçons ; nous voulons parler des artistes qui ont produit des œuvres d'art et qui eux aussi méritent la protection de la loi. Les artistes trouvent en effet une protection dans la loi civile du 19 juillet 1793, complétée par le Code pénal de 1810 (art. 425 à 427). De plus, la loi du 23 juin 1857 sur les marques de fabrique vient en aide aux fabricants de produits artistiques, artistes eux-mêmes généralement. Cette loi est plus rigoureuse que l'art. 427 du Code pénal, car son art. 7 punit tout contrefacteur de marques d'un emprisonnement de trois mois à trois ans et d'une amende de cinquante francs à trois mille francs, ou de l'une des deux peines seulement. La confiscation des objets contrefaits peut en outre être prononcée, même en cas d'acquittement (1).

Cette loi a rendu grand service à certaines manufactures de produits artistiques, comme la manufacture de Sèvres, que l'absence de l'intérêt privé qui est toujours en éveil pour défendre ses droits, exposait plus que tout autre auteur d'objets d'art à d'innombrables contrefaçons. La manufacture s'est ressentie de l'heureux effet du dépôt de ses marques et depuis qu'elle poursuit les contrefacteurs comme le ferait un simple particulier, le nombre des contrefaçons a beaucoup diminué.

1. L'article 427 punit le contrefacteur d'une amende de cent francs à deux mille francs avec confiscation des objets contrefaits.

Si nous laissons de côté l'examen de ces actions, c'est qu'elles n'ont pas pour objet de protéger les parties contractantes en matière d'œuvres d'art. Les actions en contrefaçon données par les lois de 1793 et de 1857 n'appartiennent en effet qu'aux artistes, aux fabricants d'objets d'art et à leurs ayants-cause (1). L'acheteur et le vendeur d'objets d'art contrefaits ne peuvent pas recourir à ces actions ; c'est pourquoi il serait en dehors de notre sujet d'insister davantage sur cette question. Disons seulement qu'il était bon de rappeler ces lois sur la contrefaçon, puisque d'une part la contrefaçon est une des sources les plus fréquentes et les plus dangereuses de l'erreur, et que d'autre part, ces lois qui protègent les artistes et les fabricants, ont indirectement pour résultat de protéger les contractants en matière d'objets d'art, en rendant les fraudes moins fréquentes.

1. On peut citer cependant un cas où une fausse interprétation faite par la jurisprudence de la loi du 28 juillet 1824, relative aux altérations ou suppositions de noms sur les produits fabriqués, donne indirectement aux parties contractantes une action en contrefaçon. Nous nous expliquons : Des marchands de tableaux mettent de fausses signatures sur des tableaux. On ne peut appliquer dans ce cas l'article 423 du Code pénal, car il y a tromperie sur la qualité et non sur la quantité de l'objet. On ne peut pas davantage appliquer les règles du faux. Quant à la loi de 1824, elle ne s'applique qu'aux fabricants et non aux commerçants. Malgré cela la jurisprudence, à tort selon nous, mais dans un but d'équité, a jugé préférable d'appliquer à ce cas la loi de 1824. Or cette loi donne un recours tant au fabricant lésé qu'aux consommateurs ou acheteurs. Cette disposition n'a d'ailleurs aucun intérêt pratique pour les parties contractantes, puisque la loi de 1824 renvoie à la sanction indiquée par l'article 423 qui protège directement les acheteurs d'objets d'art.

La Cour de cassation a admis cette interprétation en faveur de Mathurin Moreau contre un fabricant de bronzes, M. Schmoll *(Droit, 1879, n° 51 ; Pataille 1880 p. 375)*. La Cour de Paris avait jugé dans le même sens bien auparavant dans l'affaire Susse contre Ghilardi *(Blanc, p. 289)*.

CHAPITRE III

Expertises.

La plupart des contestations en matière d'objets d'art ont donné lieu à des rapports d'experts. Nous terminons cette étude que nous avons essayé de faire aussi complète que possible, par quelques observations sur le rôle des experts.

Les magistrats, malgré leur compétence professionnelle pour l'interprétation et l'application des lois, n'ont pas des connaissances assez étendues pour pouvoir se rendre compte de toutes les questions de fait. De cette insuffisance résulte la nécessité des rapports d'experts. En droit romain déjà cette nécessité s'était fait sentir ; nous en trouvons la preuve dans cet axiome : *Ad quæstionem facti respondent juratores ; ad quæstionem juris, respondent judices.* Les experts étaient appelés *juratores* parce qu'ils devaient prêter serment. En France avant l'ordonnance de Blois, la preuve testimoniale, mode fort dangereux, servait à déterminer les faits. Après 1579 le juge nommait d'office des experts si les parties ne s'entendaient pas pour en choisir ; et bientôt après, en matière commerciale exceptée, il y eut des experts en titre d'office, corporation privilégiée en dehors de laquelle, ni les parties, ni la justice ne pouvaient choisir.

Depuis la suppression des jurandes et des maîtrises, il n'en est plus ainsi, et le choix des juges aussi bien que des parties est libre.

L'expertise consiste à proprement parler dans une délégation judiciaire donnée à « des hommes de l'art » suivant une expression devenue quelque peu banale, pour donner leur avis sur un fait. Quand la délégation, au lieu de venir de la justice émane des parties, on se trouve en présence d'un mandat et non plus d'une délégation proprement dite, quoique dans un cas comme dans l'autre, le but final soit toujours l'expertise.

Les juges qui ont si souvent recours à l'expertise en nos matières, n'y sont jamais obligés ; l'expertise, sera due, tantôt à leur propre initiative, tantôt à la demande des parties. Il est bien juste que le tribunal appelé à se prononcer, ordonne ou accorde une expertise s'il n'est pas suffisamment éclairé sur la question qu'il doit trancher, mais il serait singulier qu'on pût la lui imposer en dehors des cas prévus formellement par la loi. L'article 302 du Code de procédure laisse toute latitude aux juges : « Lorsqu'il y aura lieu à un rapport d'experts, il sera ordonné par un jugement, lequel énoncera clairement les objets de l'expertise. »

Dans l'ancien droit, les parties pouvaient limiter à deux le nombre des experts, et chacune choisissait le sien.

Il n'en résultait pas toujours que les avis des deux experts fussent absolument opposés, mais il y avait là un danger éventuel qui souvent se présentait en pratique.

Notre droit a fait cesser cet abus en ordonnant que le nombre des experts serait toujours impair, et qu'ils ne seraient plus choisis séparément par chaque partie. Les parties peuvent ne choisir qu'un expert ou autoriser le tribunal a n'en nommer d'office qu'un. Au cas contraire, d'après la doctrine, le tribunal est obligé d'en nommer trois. Selon la jurisprudence, le tribunal qui est libre de ne pas nommer d'expert du tout, peut *a fortiori* n'en nommer qu'un seul (1). Ce raisonnement semble peu probant. Le tribunal prenant une mesure d'instruction déterminée, doit se soumettre aux prescriptions que la loi édicte dans les cas où elle ordonne l'expertise. La raison sur laquelle s'appuie la doctrine se dégage de l'article 303 qui porte : « l'expertise ne pourra se faire que par trois experts à moins que les parties ne consentent qu'il soit procédé par un seul. » Cet article pose un principe et une exception à ce principe.

Voici le principe : l'expertise ne pourra se faire que par trois experts. Voici l'exception : les parties peuvent consentir à ce qu'il ne soit procédé que par un seul.

1. Voici des arrêts qui ont été inspirés par l'opinion de la jurisprudence : Cass. 16 avril 1855, Dalloz, 55, 1, 203 ; Cass. 25 mai 1859, Dal. 59, 1, 463 ; Cass. 18 mars 1873, Sir. 73,1,268 ; Cass. 15 juin 1874, Dal. 76,1,167 ; Cass. 15 mars 1881, Sir, 81,1,213.

Nous ne pouvons admettre d'autres règles ; elles seraient en dehors de la loi. Bien plus, étendant une exception, elles iraient nécessairement à l'encontre de cette loi
et du principe qu'elle établit. L'opinion suivie par la jurisprudence supposerait pour être légale un texte ainsi rédigé : l'expertise ne pourra se faire que par trois experts,
— à moins que les parties *ou le tribunal* n'en décide autrement. Certes, il faut convenir que le raisonnement qui
est la base du système admis par la jurisprudence est
logique ; mais ce n'est là qu'une raison pour modifier la
loi.

Les tribunaux peuvent regretter qu'elle n'ait point été
faite ainsi qu'ils la comprennent, mais ils ont tort,
croyons-nous de la comprendre autrement qu'elle n'est
faite. D'après la jurisprudence, il y a deux cas dans lesquels le tribunal ne peut nommer qu'un seul expert :
1° quand l'expertise est ordonnée d'office par le juge ;
2° quand les parties consentent à ce qu'il ne soit nommé
qu'un seul expert. Ce n'est que dans le premier cas qu'il
nous est impossible de suivre la jurisprudence ; dans le
second, au contraire, elle nous semble faire une heureuse application de l'exception contenue dans l'article 303
in fine (1).

Quoi qu'il en soit, la nécessité de choisir les experts en
nombre impair a été présentée dans l'exposé des motifs
de la loi comme une heureuse innovation, et M. Glas-

1. Glasson I, p. 537 et 538, n° 514.

son ajoute à la raison que nous avons donnée de ce progrès : « Autrefois, les parties pouvaient nommer chacune un expert, qui dans l'usage prenait la défense de celle qui l'avait choisi. »

Ceci explique comment presque toujours, on n'arrivait à une solution que « par la nomination et sur le rapport d'un troisième expert. » Ajoutons encore avec lui que « cette manière de procéder entraînait des frais et une perte de temps considérables. »

Nous concluons donc que l'article 303 s'étend à tous les cas où les parties et les juges sont appelés à désigner des experts. Il est placé au siège de la matière et « modifie au besoin les dispositions du Code civil et du Code de procédure qui y paraîtraient contraires. » (1678, C. c.; 232, C. de pr. c.).

Le tribunal qui a ordonné l'expertise ne pourrait récuser le choix fait par les parties sous prétexte de l'incompétence en matière artistique de l'expert ou des experts choisis ; pas plus que les parties ne pourraient récuser pour ce motif les experts nommés d'office par les magistrats. Les experts ne peuvent être récusés que dans les cas où le seraient des témoins.

Aujourd'hui comme autrefois, à Rome, les experts prêtent serment de remplir fidèlement leur mission. Ils indiquent le jour et le lieu de leur réunion et reçoivent communication des objets en litige. « Il est important, dit M. Glasson, que les deux parties soient en présence ou soient représentées afin que les experts entendent leurs explications contradictoires s'il y a lieu. » Voilà pourquoi l'art. 315 porte que le procès-verbal de prestation de serment contiendra indication par les experts du lieu et des jour et heures de leurs opérations.

Si le choix des experts est libre, il n'en est pas moins vrai que magistrats ou parties s'adressent d'habitude à des artistes compétents dans la matière en litige. C'est ainsi qu'en matière de tableaux, on choisit de grands peintres, en matière d'objets anciens, des antiquaires réputés grands connaisseurs. Mais malheureusement, les experts ne sont pas infaillibles ; ils se trompent souvent, d'abord parce qu'ils n'acquièrent une véritable expérience qu'au prix de nombreuses erreurs. Il n'est en effet pas un seul expert qui n'ait commis de graves bévues. Les plus habiles parmi les experts se sont trompés. Ensuite les contrefacteurs poussent si loin leurs supercheries et font eux-mêmes tant de progrès dans l'art de tromper, que les experts les plus justement réputés aujourd'hui, seront des ignorants demain, s'ils ne se mettent pas au courant des procédés de contrefaçon nouveaux. C'est une lutte de tous les instants entre experts et contrefacteurs.

Les rapports d'experts, si sérieux qu'ils soient, laissent souvent place à un doute. Les révélations récentes sur le faux testament de M. de la Boussinière remettent en question le problème de l'autorité des expertises en écriture, déjà très ébranlée par le procès Laroncière. Et que dire de l'expertise du tableau de David, Marat dans son

bain ! Ne voyons-nous pas dans cette affaire un de nos
grands peintres revenir sur une première appréciation
nettement formulée, et cédant ainsi après coup, non à
des influences étrangères, mais à un véritable doute artistique (1) ! Cette incertitude est d'autant plus grave

1. Nous avons réservé pour en parler à présent l'affaire bien connue du
tableau de David représentant Marat dans sa baignoire, parce qu'elle a donné
lieu à un cas singulier d'indécision chez un expert.

La société philanthropique des artistes français avait organisé au mois
d'avril 1885 une exposition des portraits du siècle, où figurait ce tableau appartenant à M. Terme qui l'avait acheté à MM. Durand-Ruel et Brame. M.
David Chassagnole, héritier de David, et possesseur, disait-on de l'original,
assigna la société philanthropique à faire disparaître la mention d'attribution
que portait le catalogue. M. Terme, appelé en cause, soutint que son tableau
n'était pas une copie, mais une répétition ou une réplique due à la main même
du maître. Il appela cependant ses vendeurs en garantie à l'effet de prendre son fait et cause, se réservant de réclamer ultérieurement la résolution de
la vente pour le cas où il serait reconnu que le tableau n'était qu'une copie.
Le tribunal de la Seine ordonna une expertise (*Droit 1888, nos 54 et 95*).

Sur cette expertise, le tribunal décida le 24 février 1889 (*Droit 1889 no
123*) que la vente était nulle, attendu que la famille David-Chassagnole était
toujours restée en possession de l'orignal qui avait été cité dans tous les in-
ventaires de la famille et de David lui-même qui en dressant la liste de ses
tableaux, ne parlait jamais que d'un tableau du Marat. En outre, d'après
l'expertise, le tableau de M. Terme, remarquable, il est vrai, et dû à un peintre de premier ordre, n'était pas l'original, ni même une réplique, mais une
copie supérieure faite sous ses yeux, sous sa direction, et peut-être avec
quelques retouches de sa main, mais pas assez importantes ou certaines pour
donner à l'œuvre un caractère de répétition. Il était impossible d'admettre
qu'une copie faite sous la direction du maître, même avec quelques retouches,
pût être considérée au point de vue des transactions privées, comme une œuvre originale. D'ailleurs le certificat de M. Durand-Ruel remis lors de la vente
et ainsi conçu : Je certifie que le tableau de David représentant Marat dans
son bain... renfermait évidemment l'affirmation que le tableau était un original de David.

Devant la Cour, M. Durand-Ruel produisit une lettre de l'un des experts M.
Cabanel, qui déclarait s'être trompé en désignant dans son rapport comme
copie ce qui n'était autre chose qu'une répétition. De plus des peintres de

que dans les espèces relatives aux objets d'art, les juges
ont généralement l'habitude d'adopter les conclusions
des experts. Ils pensent, non sans raison, que dans ces
questions si difficiles à apprécier, les experts sont plus
près de la vérité. Il est des cas d'ailleurs où l'expertise
peut aboutir à des résultats certains. Mais ne perdons
pas de vue que le rapport des experts, si parfait qu'il pa-
raisse, n'est jamais, en droit, concluant et décisif ; le tri-

renom comme Bonnat, Gérome, Henner, confirmèrent l'assertion de M. Cabanel, en invoquant l'exemple irrécusable de Rubens se faisant aider par ses
élèves dans une très large mesure pour peindre l'histoire allégorique de
Marie de Médicis, qui n'est cependant l'objet d'aucune contestation quant au
nom du maître flamand.

La question se compliquait singulièrement de la sorte. L'avocat général
fit remarquer à l'encontre de ces données que la Convention avait ordonné
qu'ils serait fait deux copies du Marat de David et qu'il s'agissait dans
l'espèce d'une de ces copies. Il rappelait en outre que dans la liste que
David avait dressée de ses œuvres comme dans l'inventaire fait après sa
mort par ses héritiers, ces tableaux n'avaient été désignés que comme copies. La Cour rendit cependant un arrêt contraire aux conclusions de l'avocat général, attendu que cette œuvre présentait avec l'original des différences sensibles constituant des modifications heureuses, que plusieurs tableaux
originaux de David n'étaient pas signés, et que M. Terme connaissait toutes
les controverses touchant l'authenticité de ce tableau. Ce dernier point nous
paraît prêter matière à critique, car il n'était pas prouvé. Bien au contraire,
la quittance portait : « tableau de David ». En réalité, l'incertitude de l'expert influença les juges de la Cour (*16 mai 1890 ; Droit, 1890, no 115 ;
Gaz. du Pal. 1890 supp. 16 mai*).

Une question semblable, mais tranchée dans un autre sens s'était présentée quelques années avant. Il s'agissait de deux tableaux attribués à
Nattier, représentant en apparence la même personne, mais dont l'un pas-
sait pour être le portrait de Mme Geoffrin, célébrité du dix-huitième siècle,
l'autre le portrait de la marquise du Chastelet. L'expert qui fut consulté affirma que les deux tableaux étaient des originaux de Nattier. Le tribunal
rendit alors un jugement interlocutoire ordonnant une expertise. (*Droit 1883,
no 21,22*).

bunal conserve sa liberté d'appréciation. Les experts ont la mission d'éclairer les juges, ils n'ont pas celle de juger, et si la conviction des juges ne leur permet pas de suivre cet avis, ils pourront s'en écarter. *Dictum expertorum nunquam transit in rem judicatam.*

Rien n'empêche d'ailleurs les juges, s'ils ne se trouvent pas suffisamment éclairés, d'ordonner une seconde expertise. Les parties elles-mêmes peuvent demander cette nouvelle expertise, mais le tribunal ne sera pas tenu de faire droit à leur demande, pas plus qu'il ne le serait une première fois. Les secondes expertises diffèrent des premières en ce que : 1° le tribunal peut, sans consulter les parties, ne s'adresser qu'à un expert ; 2° il n'est pas obligé de réserver aux parties le droit de prendre des experts de leur choix. Ces différences sont établies pour éviter des retards. Rien ne s'oppose du reste, légalement tout au moins, à ce que la nouvelle expertise soit confiée aux premiers experts.

On sait que les experts ne dressent jamais qu'un seul rapport et ne forment qu'un seul avis à la pluralité des voix. Mais quand les avis diffèrent, les motifs de ces avis devront être indiqués sans qu'on puisse connaître l'avis personnel de chaque expert. Ce sont les dispositions de l'art. 318.

Nous avons exposé les quelques notions que nous voulions rappeler touchant les expertises. Sans vouloir critiquer les trop grandes incertitudes qui résultent de certains rapports d'experts, sans pouvoir non plus espérer la formation d'un corps d'experts impeccables liant davantage le juge, on pourrait désirer la formation d'une société d'experts, n'admettant dans son sein que des personnes reconnues capables, après examen, de s'acquiter avec succès de ces fonctions délicates, et offrant des garanties.

Ce résultat fut atteint autant que possible dans notre ancien droit par la constitution des experts en titre d'office. L'ancienne organisation du travail, basée sur les jurandes et les maîtrises, permettait qu'on y arrivât facilement. Les experts étaient tout désignés en matière d'œuvres d'art, c'étaient les maîtres. Ils connaissaient à merveille les marques qui distinguaient les différentes fabriques ; et cependant les marques étaient parfois fort compliquées. Quoi qu'il en soit de l'avantage que présentait à cet égard l'ancienne organisation du travail, cette organisation est condamnée d'une façon définitive, croyons-nous, par les principes libéraux de l'économie politique, et elle ne peut revivre.

Nous n'avons pas d'ailleurs à étudier les mérites et inconvénients qu'elle présentait. Nous nous bornons à constater qu'elle présentait un avantage à propos de la question qui nous occupe, et nous croyons qu'on pourrait obtenir le même résultat et peut-être un meilleur par une autre voie.

Les peintres, pour remédier au déplorable état de choses amené par les imitations frauduleuses, ont eu, il y a quelques années, la pensée de se réunir en association sous le titre de Société de Saint-Luc. Ce syndicat devait avoir pour but de donner des certificats d'authenticité aux œuvres des peintres contemporains, en apposant un cachet sur les toiles soumises à l'appréciation d'experts choisis aux voix. De plus, des registres spéciaux devaient contenir une description sommaire des tableaux soumis à l'examen. La création d'un bureau d'expertise était ainsi appelée à rendre de grands services et à enrayer petit à petit la contrefaçon, et il était question de l'étendre à d'autres espèces d'objets d'art. Il ne fut malheureusement pas donné suite à ce projet. Précédemment déjà, MM. Carrand père et fils, archéologues distingués, ouvraient pour leur propre compte un bureau d'expertise s'étendant à tous les objets d'art, sauf aux peintures, tableaux et médailles. Moyennant une commission de 3 0/0, chaque objet soumis à l'expertise était déclaré authentique s'il y avait lieu ; et moyennant double commission, il y avait une garantie pécuniaire pour les deux tiers de la valeur de l'objet certifié.

Cette entreprise, tout à l'honneur de ces connaisseurs, n'avait rien de commercial, et il est à regretter qu'elle n'ait pas eu un commencement d'exécution. Avec la passion toujours croissante des œuvres d'art et des antiquités, on en arrivera à comprendre l'extrême utilité de la formation d'un bureau d'experts. Ce serait là le meilleur moyen d'écarter, sinon complètement, du moins dans la mesure quelque peu bornée de l'infaillibilité humaine, les erreurs en matière d'objets d'art.

TABLE DES MATIÈRES

Laval. — Imp. et Stér. E. JAMIN, 8, rue Ricordaine.

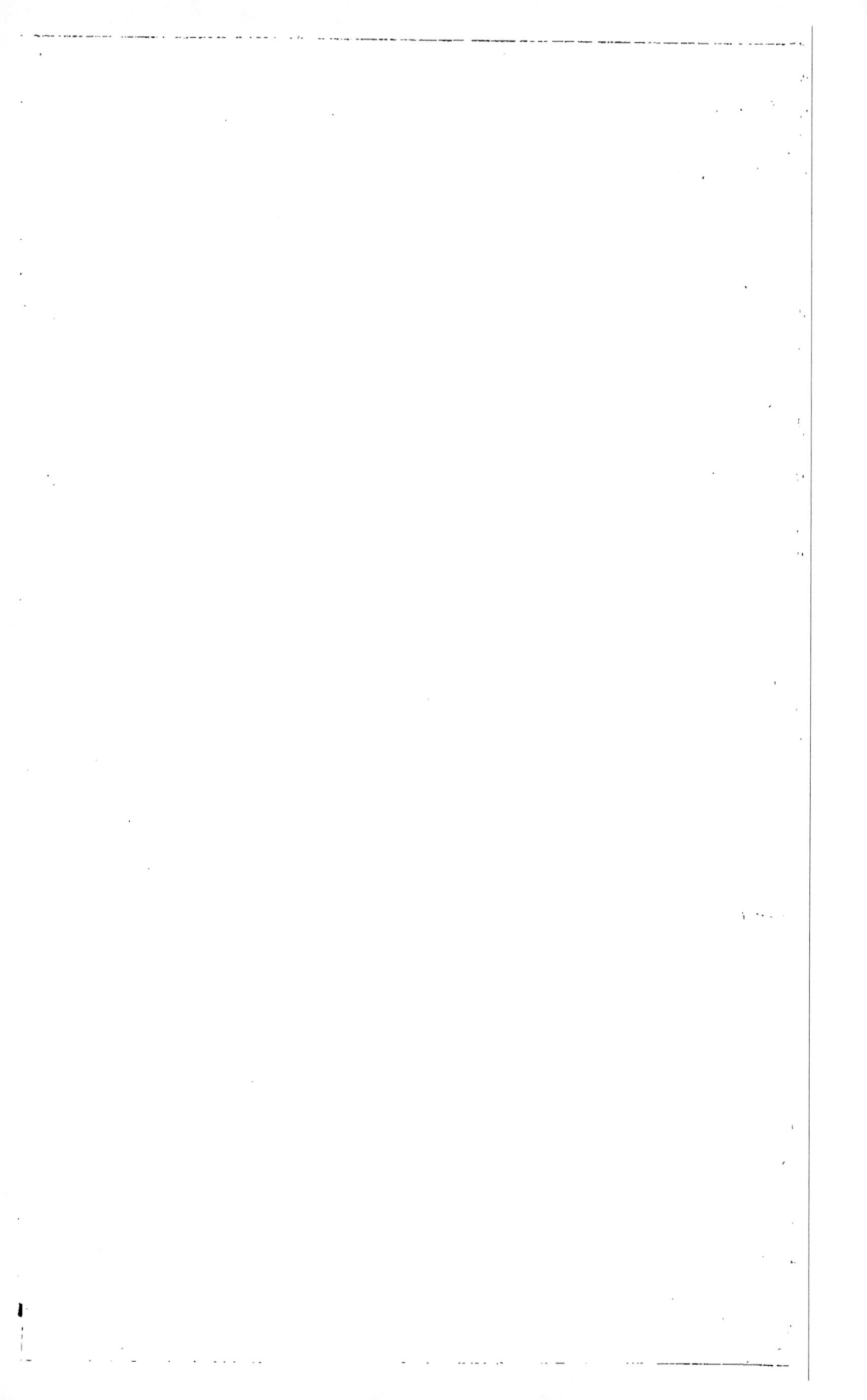

www.ingramcontent.com/pod-product-compliance
Lightning Source LLC
Chambersburg PA
CBHW072310210326
41519CB00057B/3859